SCHRIFTENREIHE DER FREIEN AKADEMIE · Band 36

*Religiöser Pluralismus und Deutungsmacht
in der Reformationszeit*

fa

FREIE AKADEMIE

Religiöser Pluralismus und Deutungsmacht in der Reformationszeit

Herausgegeben von
ULRICH BUBENHEIMER und DIETER FAUTH

FABIAN SCHEIDLER
GÜNTER VOGLER
ULRICH BUBENHEIMER
DIETER B. HERRMANN
DIETER FAUTH
ALEJANDRO ZORZIN

Herausgeber der Schriftenreihe: VOLKER MUELLER

Band 36 der Schriftenreihe
© 2017 by FREIE AKADEMIE, Berlin
Redaktion: Dr. Volker Mueller und Ortrun E. Lenz M.A.
Druck: Druckerei Siefert GmbH, Frankfurt/Main
Printed in Germany

FREIE AKADEMIE e.V.
c/o Dr. Volker Mueller
Holbeinstraße 61, 14612 Falkensee
www.freie-akademie-online.de

Buchvertrieb:
Angelika Lenz Verlag
Beethovenstraße 96, 63263 Neu-Isenburg
E-Mail: info@lenz-verlag.de
www.lenz-verlag.de

ISBN 978-3-923834-34-1

INHALTSVERZEICHNIS

VOLKER MUELLER
Vorwort des Herausgebers der Schriftenreihe   7

ULRICH BUBENHEIMER / DIETER FAUTH
Einleitung   11

FABIAN SCHEIDLER
Die Formation der kapitalistischen „Megamaschine"
in der Zeit von Reformation und deutschem Bauernkrieg   15

GÜNTER VOGLER
Ist die marxistische Deutung der Reformation überholt?
Versuch einer Antwort am Beispiel des Thomas-Müntzer-Bildes   27

ULRICH BUBENHEIMER
Existenz zwischen Einheitsanspruch und religiösem Pluralismus in
der Reformationszeit – Individuelle religöse Orientierung am Beispiel
des Klerikers und Notars Andreas Gronewalt in Halberstadt und Halle   61

DIETER B. HERRMANN
Das Verhältnis von Humanismus, Reformation und Katholizismus
zu Astronomie und Astrologie   85

DIETER FAUTH
Sichtweisen auf Juden und Judentum in der Reformationszeit   101

ALEJANDRO ZORZIN
Johannes Eck (1486–1543) – Öffentliche Demontage
(public dismantling) im Spannungsfeld frühreformatorischer
Polemik (1517/18–1525/30)   117

Die Autoren   153

Liste der Schriftenreihe der Freien Akademie   158

Vorwort des Herausgebers der Schriftenreihe

Die Freie Akademie widmet den Band 36 ihrer Schriftenreihe dem Thema „Religiöser Pluralismus und Deutungsmacht in der Reformationszeit". Damit wird ein Beitrag zum Luther-Jahr 2017 geboten.

Reformation bezeichnet im engeren Sinn eine kirchliche Erneuerungsbewegung zwischen 1517 und 1555 bzw. 1648, die zur Spaltung des westlichen Christentums in verschiedene Konfessionen (römisch-katholisch, lutherisch, reformiert) führte. Die Reformation wurde in Deutschland überwiegend von Martin Luther (1483–1546), in der Schweiz von Huldrych Zwingli (1484 – 1531) und Johannes Calvin (1509 – 1564) angestoßen. Ihr Beginn wird allgemein auf 1517 datiert, als Martin Luther am 31. Oktober des Jahres seine 95 Thesen an die Tür der Schlosskirche zu Wittenberg geschlagen haben soll, aber ihre Ursachen und Vorläufer reichen weiter zurück. Als Abschluss kann allgemein der Augsburger Reichs- und Religionsfrieden von 1555 bzw. letztlich der Westfälische Frieden von 1648 betrachtet werden.

Die Reformation war einer der großen Wendepunkte in der Geschichte Europas und in der Geschichte des Christentums. /1/ Die Reformation revolutionierte nicht nur das geistliche Leben, sie setzte auch eine umfassende gesellschaftspolitische Entwicklung in Gang. Vorbereitet durch Luthers prinzipielle Trennung von Geistlichem und Weltlichem löste sich der Staat von der Bevormundung durch die Kirche, um nun seinerseits durch eine fürstenstaatliche Ausrichtung der Reformation die Kirche von sich abhängig zu machen. Doch auch dies stellte nur eine Übergangsphase in einer Entwicklung dar, die in vielen europäischen Ländern in die Trennung von Kirche und Staat mündete, die die Hugenotten und Täufer als verfolgte Minderheitskirchen schon seit ihrer Entstehung im 16. Jahrhundert praktizierten.

Die Reformbewegung spaltete sich aufgrund unterschiedlicher Lehren in verschiedene protestantische Kirchen. Die wichtigsten Konfessionen, die aus der Reformation hervorgingen, sind die Lutheraner und die Reformierten (darunter Calvinisten, Zwinglianer und Presbyterianer). Hinzu kommen die radikal-reformatorischen Täufer. In Ländern außerhalb Deutschlands verlief die Reformation zum Teil anders.

Es entwickelten sich im 16. Jahrhundert auch radikale Reformatoren, für die hier stellvertretend Thomas Müntzer (vor 1489 – 1525) /2/, einer der Ge-

genspieler Martin Luthers, genannt sei. Ihre zentralen Anliegen waren die radikale Reform der Kirche und im Falle Thomas Müntzers auch die biblisch begründete, revolutionäre Umwälzung der politischen und sozialen Verhältnisse. Hier lagen auch die Wurzeln des Deutschen Bauernkriegs 1524 bis 1526. Dabei kam es z.b. in Thüringen zur Gründung des „Ewigen Rates", der die politischen und sozialen Forderungen der Bauern durchsetzen sollte.

Eine weitere Gruppe der radikalen Reformation war die der reformatorischen Antitrinitarier, für die Michael Servetus (1509/11 – 1553) steht. In Siebenbürgen besteht bis heute die aus der Reformation hervorgegangene Unitarische Kirche.

Sowohl die römisch-katholischen als auch die lutherischen und reformierten Obrigkeiten verfolgten einige radikale reformatorische Gruppen mit großer Härte – ohne Ansehen ihrer unterschiedlichen Zielsetzungen und Lehren. In vielen Ländern mussten zum Beispiel die Täufer unter Zurücklassung ihrer Habe das Land verlassen, in anderen Fürstentümern wurden sie wegen ihrer Überzeugungen gefangen gesetzt und gefoltert und im Extremfall sogar als Ketzer verbrannt oder ertränkt.

Mit der Entstehung neuer religiöser Deutungskonzepte in der Reformationszeit und deren Institutionalisierung in Konfessionskirchen verschärfte sich die Spannung zwischen religiösen Einheitsansprüchen und zunehmender religiöser Pluralität. Reformatoren wie Luther oder Calvin beanspruchten Deutungsmacht über die Bibelauslegung und setzten sie der Deutungshoheit der hergebrachten kirchlichen Institutionen entgegen. Indem sich Landes- und Stadtobrigkeiten bestimmte Deutungskonzepte zu eigen machten, konnten sie den zuvor schon im Gang befindlichen Ausbau eines landesherrlichen Kirchenregiments nachhaltig steigern. Gleichzeitig wirkte diese Entwicklung als Impuls zur weiteren Pluralisierung inner- und außerhalb der Konfessionen und strahlte auch auf andere Bereiche wie die Entwicklung der Kunst, des Rechts und der Naturwissenschaften aus. Individuelle Religion differenzierte sich in ein öffentliches Bekenntnis und eine privat gelebte religiöse Praxis.

Die Beiträge dieses Buches bedenken die in der Reformationszeit aufbrechende Spannung zwischen den Bedürfnissen nach weltanschaulicher Einheit und nach Pluralität. Noch heute kommt diese Spannung z.B. einerseits in den Rufen nach „Minimalkonsens" und „Wertegemeinschaft" und andererseits in dem Bedürfnis nach Weltanschauungs- und Religionsfreiheit zum Ausdruck.

Mit diesem Buch möchten wir das Geschichts- und Demokratiebewusstsein fördern und das Verständnis für Toleranz und Freiheit stärken. Dabei haben wir – für unsere Gegenwart bedeutsame – Daseins- und Wertefragen interdisziplinär erörtert.

Wir konnten Prof. Dr. Ulrich Bubenheimer gemeinsam mit Dr. Dieter Fauth als Herausgeber des Buches gewinnen. Sie haben zugleich die wissenschaftliche Tagung der Freien Akademie im Mai 2016 zum gleichen Thema inhaltlich vorbereitet und geleitet. Das Buch beinhaltet die Beiträge und Ergebnisse dieser Tagung.

Ich bedanke mich bei den Autoren und vor allem bei den Herausgebern des Bandes für die wertvollen Beiträge.

Dr. Volker Mueller
Präsident der Freien Akademie

Literatur

1 ULRICH BUBENHEIMER/ ULMAN WEISS: *Schätze der Lutherbibliothek auf der Wartburg: Studien zu Drucken und Handschriften.* Regensburg 2016; VOLKER REINHARDT: *Luther, der Ketzer: Rom und die Reformation.* München 2016; HEINZ SCHILLING: *Martin Luther: Rebell in einer Zeit des Umbruchs.* München 2014. ULRICH BUBENHEIMER / STEFAN OEHMIG: *Querdenker der Reformation – Andreas Bodenstein von Karlstadt und seine Wirkung.* Zell am Main 2001.
2 SIEGFRIED BRÄUER / GÜNTER VOGLER: *Thomas Müntzer. Neu Ordnung machen in der Welt. Eine Biographie.* Gütersloh 2016.

ULRICH BUBENHEIMER / DIETER FAUTH

Einleitung

Dieses Buch geht aus einer Tagung hervor. Ihre Teilnehmer sind zum großen Teil Mitglieder der Freien Akademie e. V. (FA) oder fühlen sich ihr verbunden. Diese Vereinigung ist von Menschen gebildet, die zumeist irgendeiner weltanschaulichen oder religiösen Minderheitengruppe angehören. Dabei reicht das Spektrum von atheistischen, säkular-humanistischen, freireligiösen, bis hin zu freikirchlichen Bereichen. Was die Menschen verbindet, ist ihr Minderheitenstatus und die religiöse Toleranz. Angehöriger einer Minderheit zu sein, bedeutete schon immer und auch heute, unter einem erhöhten Rechtfertigungsdruck zu stehen, wenn die eigenen Überzeugungen zur Debatte stehen. Dies ist nur ein Beispiel dafür, unter welchen spezifischen Blicken mit den Beiträgen der Tagung bzw. dieses Buches auf die Reformationszeit geblickt wird.

Beim Eröffnungsforum der Tagung gingen die Versammelten der Frage nach, wer denn mit welcher Legitimation in der Reformationszeit (1517–1555) die Macht beanspruchte, religiöse Texte und religiöse Handlungen autoritativ zu interpretieren. Daraus ergibt sich die weitere Frage, wie Personen wahrgenommen wurden und werden, die sich solchen Ansprüchen nicht unterwerfen wollten. Das Bedürfnis nach Subjektivität im Bereich der Religiosität war auch im 16. Jahrhundert vorhanden. Doch war hierfür der öffentliche Spielraum nach der Festlegung der Gläubigen auf eine bestimmte „Konfession" während der Reformationszeit enger als davor im Mittelalter. Das lag unter anderem an der auf Kontroverse angelegten Gesamtlage der Zeit. Durch den reformatorischen Druck wurde auch im altgläubigen (Begriff für die Zeit vor 1555) bzw. im katholischen Bereich eine Einengung provoziert, die sich schließlich im 19. Jahrhundert im Dogma von der Unfehlbarkeit des Papstes ballte. Seit dem Spätmittelalter haben eine derartige Einengung vor allem die Dominikaner betrieben, die auch die heftigsten Gegner von Martin Luther (1483–1546) waren.

Die Geschichte der protestantischen Kirchen war von Anfang an von Intoleranz gegenüber „Abweichlern" geprägt mit der Folge, dass die evangelischen Amtskirchen bis heute aufs Ganze gesehen unter einem Pluralismusdefizit leiden. Freilich sind immer die einzelnen Amtsträger individuell zu betrachten. Doch veranschaulichen „die evangelischen Amtskirchen" bis heute die These von Ernst Troeltsch, dass dissidente protestantische Bewegungen mehr in die Moderne führten und führen als die lutherische Konfession. Die Diskussion über all diese Sichtweisen zeigte deutlich ein Interesse der Versammelten auch an der Bedeutsamkeit des historischen Geschehens für unsere heutige Gesellschaft, die labil und fragil zwischen dem Postulat radikaler Offenheit und den Rufen nach Minimalkonsens und Leitkultur schillert.

Den Herausgebern ist bewusst, dass in vorliegendem Band ein Beitrag zur systematischen Einordnung der Hauptbegriffe „Deutungsmacht" und „Pluralismus" fehlt. Auch ein Beitrag zur katholischen Perspektive auf das Thema kann nicht geboten werden, da kein Autor gefunden werden konnte. Weiterhin findet sich zwar ein Beitrag zur Bedeutung des Judentums für die Reformationszeit. Doch fehlt in dem vorliegenden Buch der Blick auf den Islam. In dieser Zeit dehnte sich der Islam geografisch enorm aus. Konnte er 1453 Konstantinopel (Istanbul) erobern, stand er 1529 zum ersten Mal und 1683 zum zweiten Mal vor Wien. Diese Bedrohung des christlichen Europa durch den Islam band bei den Habsburgern und anderen Fürsten viel Geld und militärische Kräfte, was das Agieren Luthers und der weiteren Reformatoren im Inneren des Reiches erleichterte. So wurde der Islam unbeabsichtigt zu einem Geburtshelfer des Protestantismus. Intellektuell hat sich aber für den Islam im christlichen Abendland des 16. Jahrhunderts kaum jemand interessiert – ganz im Unterschied zum Interesse am Judentum. Einschlägige Ansätze zeigte etwa Sebastian Münster in Basel. Auch gibt es Schriften des 16. Jahrhunderts, die sagen, dass islamische Staatengebilde genau so vorbildlich seien wie z.B. das venezianische Reich.

Auch wenn grundlegende Bereiche der Thematik dieses Buches unbearbeitet bleiben, wird mit den Beiträgen dieses Buches doch ein zusammenhängender Komplex beleuchtet. Alle Beiträge zeigen die Reformationszeit als eine Zeit tiefgreifender Umbrüche mit sich daraus ergebenden Chancen gewaltiger Verbesserungen im Leben der Menschen. Es sind Chancen der Emanzipation von Macht, von ökonomischer und sozialer Abhängigkeit und von intellektueller Gängelung. Viele dieser Freiheitsbestrebungen, anfänglich von der reformatorischen Bewegung mit getragen, hat die Reformation verraten – oder sie wurden blutig niedergeschlagen. Aber sie blieben immer drängend. In (Vor)-Pietismus und Aufklärung wurden sie wieder aufgegriffen.

Und heute sind damalige Bemühungen Teile demokratisch-rechtsstaatlicher Ordnung geworden. Freilich muss auch noch heute Tag für Tag für Werte, um die in der Reformationszeit gestritten wurde, gerungen werden: für die ökonomische Autonomie jedes Einzelnen und jeder Gemeinschaft; für soziale Gerechtigkeit; für die Unabhängigkeit der Wissenschaften und den Raum für unbegrenzte intellektuelle Freiheit; für Meinungs-, Gewissens- und Glaubensfreiheit. Insofern bieten die hier vorgelegten Beiträge zur Reformationszeit durchaus auch aktuelle Bezüge.

FABIAN SCHEIDLER

Die Formation der kapitalistischen „Megamaschine" in der Zeit von Reformation und deutschem Bauernkrieg

In der Frühen Neuzeit, vom 15. bis ins 17. Jahrhundert, formierte sich das, was in der Weltsystem-Theorie – u.a. von Immanuel Wallerstein und Giovanni Arrighi – das moderne (kapitalistische) Weltsystem genannt wird.[1] Ich benutze dafür, in Anlehnung an eine Wortprägung des amerikanischen Historikers Lewis Mumford, die Metapher der „Megamaschine".[2] Dieses System formierte sich mit dem Niedergang des Feudalismus gegen den massiven Widerstand von egalitären Bewegungen, die sich seit dem 14. Jahrhundert überall in Europa ausbreiteten und in Deutschland im Bauernkrieg 1524/25 kulminierten.[3] Es wurde einerseits das dynamischste und produktivste Gesellschaftssystem der Geschichte, das bestimmten Schichten der Weltbevölkerung enormen Wohlstand bescherte, und zugleich das destruktivste, untrennbar verbunden mit einer Kette von Vertreibung und Entwurzelung – bis hin zum Völkermord –, verheerenden Kriegen und einer tiefen Spaltung zwischen Arm und Reich, die von Anfang an charakteristisch für das neue System war. Es ist eben dieses soziale und ökonomische System, das uns heute eine Krise des Lebens auf der Erde beschert, die nicht nur das Klima betrifft, sondern auch die Artenvielfalt, die Zerstörung fruchtbarer Böden und Süßwasserquellen, der Ozeane und Wälder.[4]

Dieses System fußt auf drei Säulen:
1. Die endlose Akkumulation von Kapital, verkörpert zunächst in den Handelshäusern und Banken des Frühkapitalismus, etwa in Venedig, Genua, Antwerpen oder Augsburg, später in Form der ersten Aktiengesellschaften, deren erste 1602 in Amsterdam gegründet wurde.
2. Die modernen, militarisierten Territorialstaaten, die nur mithilfe des Handelskapitals geschaffen werden konnten und miteinander um militärische Macht und Kapital konkurrieren.

3. Eine Mythologie der radikalen Überlegenheit Europas, mit der die gewaltsame Expansion dieses System legitimiert wurde, zunächst im Gewand der christlichen Religion, später, seit der Aufklärung, im Namen von „Zivilisation", „Rationalität", „Fortschritt", „Entwicklung" und schließlich der „westlichen Werte".[5]

Renaissance: Aufbruch ins Licht?

Zu dieser Mythologie gehört auch die Verklärung der anbrechenden Neuzeit und der Renaissance als eine Epoche des Lichts, während das Mittelalter als Epoche der Finsternis imaginiert wird. Tatsächlich aber war die beginnende Neuzeit mit einer massiven Verdüsterung der Lebensverhältnisse für die Mehrheit der Menschen in Europa und in den von Europäern eroberten Gebieten verbunden. Das zeigt sich auch daran, dass diese Epoche wie kaum eine andere von apokalyptischen Endzeiterwartungen geprägt war. Prediger zogen umher, um das Ende der Welt zu verkünden, die Angst vor Teufel und Hölle wurde epidemisch in dieser Zeit, die Darstellung von Totentänzen geradezu inflationär. Der französische Historiker Jean Delumeau spricht in seinem Buch „Angst im Abendland" von einer kollektiven Angstepidemie im Europa der Frühen Neuzeit.[6] Der Hintergrund dieser Ängste ist eine Ausbreitung von Gewaltverhältnissen, die wir oft fälschlich dem Mittelalter zuschreiben: Die Inquisition weitet sich im 16. Jahrhundert massiv aus, Hexenverfolgungen, die im Mittelalter eine eher geringe Rolle spielten, erreichen ihre Höhepunkte in der Zeit von 1550 bis 1700, die Folter sowie extrem brutale Hinrichtungsarten werden systematisch und im großen Maßstab angewendet, vor allem um gegen dissidente Bewegungen vorzugehen. In der Ökonomie verschärft sich die Spaltung zwischen Arm und Reich, die Reallöhne sinken in der Frühen Neuzeit massiv, in manchen Regionen um bis zu 70 Prozent, und erreichen erst im 19. Jahrhundert wieder das Niveau des 15. Jahrhunderts.[7] Zugleich war diese Zeit verbunden mit einer massiven Entrechtung von Frauen. Anders als im Mittelalter wurde Frauen etwa Schritt für Schritt das Recht entzogen, Meisterbetriebe zu führen, wenn der Mann verstorben war. In den Heilberufen wurden Frauen nach und nach verdrängt und durch die Hexenprozesse dämonisiert.[8] Die anbrechende Neuzeit markiert auch den Beginn einer Kette von Völkermorden im Zuge der Expansion der Megamaschine, angefangen bei der Conquista Mittel- und Südamerikas, die den bis dahin größten Genozid der Geschichte darstellt, finanziert von den großen Handelshäusern und Banken in Genua, Antwerpen und Augsburg, gefolgt vom atlantischem Sklavenhandel, dem Völkermord an den Indigenen Nordamerikas und den Verbrechen der Kolonialzeit. Es ist, um es kurz auf den Begriff zu bringen, eine „Epoche der Monster".

Vorgeschichte: Die Krise des feudalen Systems

Wie aber ist es zur Formation des modernen Weltsystems und zur Entfesselung dieser „Monster der Moderne" gekommen? Im 14. Jahrhundert gerät der Feudalismus in eine schwere Krise. Ein Grund dafür ist ein (nicht menschengemachter) Klimawandel: Massive Kälteeinbrüche in der Zeit von 1315 bis 1322 läuteten das Ende der hochmittelalterlichen Warmzeit ein. Schwere Ernteausfälle und eine Ernährungskrise waren die Folge, die unter dem Namen „Der Große Hunger" in die Geschichte eingingen. Ab 1348 zog die Pest, ausgehend von den Häfen Genuas und Venedigs, in Europa ein und wütete unter der durch die Ernährungskrise geschwächten Bevölkerung. Sie kostete bis zu einem Drittel der Menschen Mitteleuropas das Leben. Eine Folge dieser Katastrophe war, dass große Ländereien brach lagen. Gab es zuvor eine Knappheit von Land, so drehte sich das Verhältnis nun um: Es gab viel Land und relativ wenige Menschen. Damit fielen die feudalen Erträge, während die Verhandlungsmacht der Bauern gegenüber den Grundherren wuchs.[9]

Im 14. Jahrhundert war außerdem ein Erstarken sozialer Bewegungen, getragen von Bauern und Handwerkern, zu beobachten, die sich gegen Gewalt- und Ausbeutungsverhältnisse zur Wehr setzten und in einigen Fällen das Ziel einer egalitären Gesellschaft verfolgten. Die Ursprünge dieser Bewegungen reichen ins 13. Jahrhundert zurück, als sogenannte „Armutsbewegungen", die sich auf Franz von Assisi beriefen, den Reichtum der Kirche anprangerten und sich apokalyptische Bewegungen, die auf das von Joachim von Fiore für das Jahr 1260 angekündigte neue Zeitalter hofften, ausbreiteten. Im 14. Jahrhundert, unter den Bedingungen der feudalistischen Krise, entwickelten sich dann Bewegungen, die die weltlichen und kirchlichen Mächte massiv herausforderten. Eine kleine Liste – die keinen Anspruch auf Vollständigkeit hat – kann das verdeutlichen:[10]

- 1323 besetzen Bauern und Handwerker die Handelsstadt Brügge.
- 1358 erheben sich Bauern in den sogenannten „Jaqueries" in Frankreich.
- In den 1370er Jahren übernehmen Aufständische die Regierung von Gent und großen Teilen Flanderns.

- 1378 übernehmen Textilarbeiter die Regierung von Florenz („Ciompi-Aufstand").
- 1381 besetzen Aufständische im Rahmen der „Peasants' Revolt" in England den Londoner Tower.
- In den 1420er Jahren halten die Hussiten, die sich auf Jan Hus berufen und eine egalitäre Gesellschaft schaffen wollen, große Teile Böhmens.
- Seit 1493 breitet sich die Bundschuhbewegung im Elsass und Breisgau aus.
- In Deutschland eskalieren die Auseinandersetzungen 1524/25 im Bauernkrieg.
- In den 1520er und 1530er Jahren breitet sich die Täuferbewegung vom Südwesten her aus; in Münster wird ein Täuferreich ausgerufen.

Viele dieser Bewegungen waren apokalyptisch inspiriert; sie erwarteten eine Zeitenwende und ein Eingreifen Gottes zugunsten der Entrechteten. Landesherren, Feudalherren, Kirche und Großkapital antworteten auf diese Herausforderungen mit einer Palette von Mitteln. Dazu gehörte auch eine zunehmende Militarisierung sowie die Ausweitung der Folter und Blutgesetzgebung. 1532 legalisierte das erste deutsche Strafgesetzbuch, die *Constitutia Criminalis Carolina*, die Folter und grausamen Hinrichtungsarten wie Rädern, Lebendigbegraben, Verbrennen und Vierteilen. Die Inquisition wurde verschärft und ausgeweitet und die neuen Möglichkeiten des Buchdrucks wurden für Propagandazwecke intensiv genutzt.

Aus diesen sozialen Kämpfen überall in Europa, an denen sehr unterschiedliche Kräfte und Interessen beteiligt waren, entstand schließlich das kapitalistische Weltsystem. Eine entscheidende Rolle spielte dabei die Verbindung von Großkapital und den sich formierenden militarisierten Territorialstaaten, wie sie am deutlichsten beim Aufbau von Söldnerheeren zutage trat. Im Hochmittelalter waren die größten Armeen 7000 bis maximal 10000 Mann stark und konnten auch nur für begrenzte Zeit eingesetzt werden. Sie beruhten im Wesentlichen auf feudalen Pflichten, nicht auf Sold. Mit dem Hundertjährigen Krieg (1337–1453) erlebte Europa dann aber eine massive Kommerzialisierung und Ausweitung des Kriegswesens.[11] Landesherren hatte schon lange versucht, den Silberbergbau und die Geldwirtschaft, die seit der Antike verfallen waren, wiederzubeleben, um große Söldnerheere aufzubauen. Zugleich entwickelte sich nach Einführung der Feuerwaffen im 14. Jahrhundert ein fieberhafter Rüstungswettlauf, der enorme Investitionen und damit Kapital verschlang. In dieser Lage konkurrierten die entstehenden Territorialstaaten um mobiles Kapital zur Finanzierung ihrer Söldnerarmeen, Kanonen und Befestigungsanlagen, und es war vor allem das überschüssige Handelskapital der italienischen Stadtstaaten Florenz und Genua, das den Landesherren die Liquidität zur Verfügung stellen sollte.[12] Umgekehrt boten die Landesherren den Kapitalbesitzern Schutz, Monopole und eine Ausweitung der Märkte durch die gewaltsamen Eroberungen, die die Banken finanzierten. Kapital und moderner Staat waren (und sind) also nicht, wie bisweilen irrtümlich geglaubt wird, ein Gegensatzpaar, sondern haben sich gemeinsam, co-evolutionär entwickelt. Weder konnte der moderne Staat ohne das Kapital der Händler entstehen, noch konnten die Kapitalbesitzer ihre Netzwerke – auch über Krisen hinweg – ohne die physische Gewalt des Staates kontinuierlich ausbauen.

Eine zentrale Rolle spielte dabei der *metallurgische Komplex*, der sowohl das Silber und Gold für die expandierende Geldwirtschaft als auch Kupfer, Zinn und Eisen für die Rüstung lieferte.[13] In der ersten Hälfte des 16. Jahrhunderts konnte die Augsburger Familie der Fugger den weltweit größten Montan- und Finanzkonzern aufbauen, der zum wichtigsten Finanzier der Habsburger Dynastie aufstieg und, gemeinsam mit den Genueser Banken, auch die spanische Conquista Mittel- und Südamerikas einschließlich der damit verbundenen Völkermorde finanzierte.

Die neue, durchschlagende Verbindung von Großkapital und Militär ermöglichte es auch, die „innere Kolonisierung" voranzutreiben. Neue Steuern konnten mithilfe der auf Kredit finanzierten Söldnerheere immer effektiver eingetrieben werden, Widerstand gegen die Privatisierung der Allmenden – die „Einhegungen", die Karl Marx als Teil der „Ursprünglichen Akkumulation" beschrieb[14] – konnte wirkungsvoll gebrochen werden. Die Konfliktlinien der Reformation und des Bauernkrieges können nur vor diesem Hintergrund angemessen verstanden werden.

Reformation und Bauernkrieg

Die Reformation und auch die Bauernkriege waren keine einheitlichen Bewegungen, sondern Felder der Auseinandersetzung inmitten von sozialen Kämpfen und der Formation des kapitalistischen Weltsystems. Man kann in diesem Zusammenhang durchaus von „frühneuzeitlichen Revolutionen" sprechen, die stellenweise die Konfliktlinien der späteren großen europäischen Revolutionen vorwegnahmen.

Zu den Konfliktparteien gehörten unter anderem Landesherren, Bauern,

Feudalherren, städtische Bürger, die Kirche und das Großkapital, wobei sich die Frontlinien immer wieder verschoben und oft wechselnde Bündnisse zwischen verschiedenen Akteuren und Fraktionen entstanden. Die Landesherren waren am Ausbau ihrer territorialen Machtbasis interessiert – und auch daran, kirchliche Güter in ihren Besitz zu bringen. Entrechtete Bauern kämpften gegen Einhegungen, zunehmende Steuerlasten (die vor allem der Kriegsführung dienten), Willkürherrschaft und Blutgesetzgebung. Feudalherren des niederen Adels verbündeten sich stellenweise mit Bauern gegen Fürsten, weil sie ihren Einfluss durch deren aufsteigende Macht gefährdet sahen, meist agierten sie aber gegen die Bauern. Auch städtische Bürger gingen wechselnde Allianzen ein, je nachdem, welche Fraktionen ihnen vorteilhafter schienen.

Das Großkapital, etwa das Haus Fugger, finanzierte und belieferte verschiedene Seiten und profitierte so über lange Zeit von der Verschärfung der Konflikte. Es trug durch die Finanzierung der gegen die Bauern gerichteten Heere schließlich erheblich zu deren Niederschlagung bei. Die römische Kirche verfolgte neben ideologischen auch handfeste finanzielle Interessen, etwa im Bereich der Abgaben, des Ablass- und Reliquienhandels.

In dieser Gemengelage wurde ideologische Macht zu einem entscheidenden Faktor und die Religion zum Kriegsschauplatz. Die Konfliktlinien verliefen dabei keineswegs einfach zwischen „Reformatoren" und römischer Kirche, sondern auch quer durch die verschiedenen Strömungen der Reformation. Während sich Martin Luther im Bauernkrieg auf die Seite der Landesherren schlug, ergriff Thomas Müntzer als Feldprediger Partei für die Bauern.[15] Beide beriefen sich auf das Neue Testament, doch leiteten sie daraus entgegengesetzte Gesellschaftsentwürfe ab: Während bei Müntzer, um einen anachronistischen Begriff zu gebrauchen, so etwas wie Umrisse einer frühneuzeitlichen „Theologie der Befreiung" zu erkennen sind, für die soziale Gerechtigkeit zentral ist, nahm Luther eine autoritäre, obrigkeitsstaatliche Haltung ein. Auf dem Höhepunkt des Bauernkrieges rief er dazu auf, man solle die Aufständischen „zerschmeißen, würgen, stechen, heimlich und öffentlich, wer da kann, wie man einen tollen Hund erschlagen muss". Und er fährt fort: „Solche wunderliche Zeiten sind jetzt, dass ein Fürst den Himmel mit Blutvergießen verdienen kann."[16]

Die Bauernheere wurden schließlich von Söldnerarmeen, die unter anderem von Jakob Fugger finanziert wurden, zerschlagen, in Schlachten, die man nur noch als Massaker bezeichnen kann: Bei Frankenhausen wurden mindestens 6000 Bauern getötet, aber nur ein halbes Dutzend Söldner – ein Indiz für die ungeheure Übermacht des modernen Geld-Krieg-Komplexes. „Ich möchte mich fast rühmen", schrieb Luther 1526, als das große Schlachten vorüber war, „dass seit der Zeit der Apostel das weltliche Schwert und die Obrigkeit noch nie so deutlich beschrieben und gerühmt worden ist wie durch mich."[17] Mithilfe von Luthers ideologischer Rückendeckung konnten sich schließlich die evangelischen Landesfürsten die Kirchengüter einverleiben, die die Bauern ursprünglich in Gemeindebesitz umwandeln wollten.

Die Zeit der Erhebungen war damit jedoch noch nicht vorbei. Ausgehend von der Schweiz verbreitete sich die Bewegung der Täufer über große Teile Mitteleuropas. Unter dem Eindruck der frisch ins Deutsche übersetzten Evangelien berief sie sich auf die Prinzipien der Gewaltlosigkeit, Gütergemeinschaft und Selbstbestimmung, wie sie in der Jesus-Bewegung verankert waren. Verfolgt wurden sie nicht nur von Landesherren und der römischen Kirche, sondern auch von anderen Reformatoren wie Huldrych Zwingli, auf dessen Betreiben zahlreiche Täufer gefoltert und hingerichtet wurden. Auch Lutheraner beteiligten sich an den Verfolgungen, und zwar mit einer bemerkenswerten Begründung: Die Weigerung der Täufer, als Soldaten zu dienen oder in Ämtern, die mit Gewaltausübung verbunden waren, verstoße gegen Gottes Ordnung. Noch heute werden protestantische Pastoren in Deutschland auf die *Confessio Augustana* von 1530 ordiniert, in der es einen expliziten Passus gegen die Gewalt- und Eigentumsverweigerung der Täufer gibt:

„Von Polizei und weltlichem Regiment wird gelehrt, daß alle Obrigkeit in der Welt und geordnetes Regiment und Gesetze gute Ordnung, von Gott geschaffen und eingesetzt sind, und daß Christen ohne Sünde im Obrigkeits-, Fürsten- und Richteramt sein mögen, nach kaiserlichen und anderen üblichen Rechten Urteil und Recht zu sprechen, Übeltäter mit dem Schwert zu bestrafen, rechtmäßige Kriege zu führen, zu streiten, zu kaufen und zu verkaufen, aufgelegte Eide zu tun, Eigentum zu haben, ehelich zu sein etc. Hier werden diejenigen verdammt, die lehren, daß es christliche Vollkommenheit sei, (...) sich der vorgenannten Stücke zu entäußern."[18]

In Münster spitzten sich diese Konflikte in besonderer Weise zu. Ein Teil der Stadt wollte die lutherische Ordnung (einschließlich der Confessio) durchsetzen, doch die Bevölkerungsmehrheit schloss sich der Fraktion der Täufer an. Bemerkenswerterweise waren drei Viertel davon Frauen – was angesichts der frauenfeindlichen Positionen Luthers nicht verwunderlich ist. Die Täufer riefen eine Gütergemeinschaft nach dem Vorbild der Jerusalemer Urgemeinde aus und verbrannten die Schuldenregister des Stadtarchivs, während sich um die Stadt bereits die fürstbischöflichen Truppen zusammenzogen. In dieser

Lage schwangen sich apokalyptische Propheten als Führer der Bewegung auf und verkündigten das bevorstehende Erscheinen Christi. Der Heiland aber erschien nicht, stattdessen wurde die Stadt im Jahr 1535 von den übermächtigen Truppen erobert.[19] Die Führer der Bewegung wurden öffentlich gefoltert und hingerichtet: Mit glühenden Zangen riss man ihnen die Zungen und andere Teile des Körpers aus, bevor sie schließlich erdolcht wurden. Ihre Leichen wurden am Kirchturm in eisernen Körben aufgehängt und zur Schau gestellt, „dass sie allen unruhigen Geistern zur Warnung und zum Schrecken dienten, dass sie nicht etwas Ähnliches in Zukunft versuchten oder wagten".[20]

Das Münsteraner Täuferreich zeigt die Tragik der egalitären Bewegungen, die angesichts ihrer Ohnmacht gegenüber dem erstarkten Geld-Militär-Komplex in apokalyptische Phantasmen entgleiten.

Die Apokalyptik war aber nicht nur für die Täufer fundamental, sondern ebenso für Luther, Müntzer und auch Calvin. Allerdings war sie jeweils von sehr unterschiedlichen Inhalten gefüllt. Erwartete Müntzer ein Reich der Gleichberechtigten nach dem Vorbild der Urgemeinde, so deutete Calvin eine Generation später die biblische Apokalyptik in ein kapitalistisches Selektionsverfahren um, in dem die wirtschaftlich Erfolgreichen sich als die von Gott Erwählten erwiesen. Diese Lehre war eine perfekte Legitimationsstrategie für die massive gesellschaftliche Ungleichheit, die vom modernen Weltsystem produziert wurde. Denn wenn Armut und Reichtum von Gott vorherbestimmt sind, so ist es sinnlos dagegen aufzubegehren. Es ist daher kein Zufall, dass diese Lehre vor allem in den neuen atlantischen Zentren der Kapitalakkumulation, insbesondere den Niederlanden, England und später den USA gedieh.

Ausblick

Mit der Zerschlagung der Bauern- und der Täuferbewegung waren in Deutschland die Träume von einer gerechteren oder gar egalitären Gesellschaft für lange Zeit zerschlagen. Deutsche Lande wurden für Jahrhunderte zum Inbegriff von Repression und autoritären Strukturen. Im weiteren Horizont war diese Phase ein entscheidender Schritt zur Konsolidierung des modernen Weltsystems in Mitteleuropa.

Was sich in den folgenden Jahrhunderten ereignete, war eine geradezu explosive Expansion dieses Systems um die ganze Erde, finanziert durch die Händler-Bankiers, durchgesetzt mit den Waffen des metallurgischen Komplexes und den Söldnern der Landesherren (die bald von den Privatarmeen der Aktiengesellschaften ergänzt wurden), legitimiert durch die Erzählung der zivilisatorischen Überlegenheit Europas.

Die gewaltsame Durchsetzung autoritär-zentralstaatlicher und kapitalistischer Strukturen war aber keineswegs das Ende der Geschichte: Egalitär orientierte Bewegungen flammten immer wieder in Europa auf, von der „Great Rebellion" im England des 17. Jahrhunderts über die Französische Revolution bis zu den Arbeiter-, Frauen und Anti-Kolonialbewegungen des 19. und 20. Jahrhunderts.[21]

Im 21. Jahrhundert zeichnet sich nun ein erneuter Systemumbruch ab. Den in der Konkurrenz um mobiles Kapital gefangenen Nationalstaaten gelingt es weder, die globale ökologische Katastrophe zu stoppen, die von der Logik der endlosen Akkumulation angetrieben wird, noch die sich verschärfende Spaltung zwischen Arm und Reich zu überwinden. Angesichts dieser ungelösten – und in der Systemlogik nicht lösbaren – Doppelkrise bewegen wir uns in eine chaotische Übergangsphase mit ungewissem Ausgang hinein.[22] Soziale Bewegungen können dabei eine entscheidende Rolle spielen, wenn es darum geht, ob sich neue autoritäre Kräfte durchsetzen oder Wege in Richtung einer gerechteren und zukunftsfähigen Gesellschaft beschritten werden.

Anmerkungen

1 WALLERSTEIN 1986, 2004; ARRIGHI 2010
2 SCHEIDLER 2015; MUMFORD 1974
3 FEDERICI 2012, S. 25–73
4 UNEP 2016; SCHEIDLER 2015, S. 200 ff.
5 WALLERSTEIN 2010; SCHEIDLER 2015, S. 63–67, 142 f.
6 DELUMEAU 1985
7 FEDERICI 2012, S. 92 ff.; WALLERSTEIN 1986, S. 111
8 FEDERICI 2012, S. 220–233
9 SCHEIDLER 2015, 75 f.; FEDERICI 2012, S. 55–60
10 BOOKCHIN 1996, S. 22–60
11 ARRIGHI 2010, S. 109; SCHEIDLER 2015, S. 81 ff.
12 ARRIGHI 2010, S. 111–129
13 SCHEIDLER 2015, S. 33–38 u. S. 84–87
14 MARX, MEW 23,765
15 VOGLER 2008/2011

[16] LUTHER WA 18, 1888 ff. [1525], S. 357–361
[17] LUTHER 1978 [1526]), S. 63
[18] *Confessio Augustana*, Artikel 16
[19] Zur Geschichte des Täuferreichs in Münster vgl. VOGLER 2014
[20] SEIFERT 1993, S. 42
[21] BOOKCHIN 1996, S. 1–19
[22] SCHEIDLER 2015, S. 197–203

Literatur

GIOVANNI ARRIGHI (2010): *The Long Twentieth Century. Money, Power and the Origins of our Time*, London/New York
MURRAY BOOKCHIN (1996): *The Third Revolution. Popular Movements in the Revolutionary Era*, Volume 1, London/New York
Confessio Augustana, in: *Die Bekenntnisschriften der Evangelisch-Lutherischen Kirchen*, Göttingen 2014
JEAN DELUMEAU (1985): *Angst im Abendland. Die Geschichte kollektiver Ängste im Europa des 14. bis 18. Jahrhunderts*, Reinbek bei Hamburg
SILVIA FEDERICI (2012): *Caliban und die Hexe. Frauen, der Körper und die ursprüngliche Akkumulation*, Wien
MARTIN LUTHER (1888 ff. [1525]): *Wider die mörderischen und räuberischen Rotten der Bauern*, in: *Martin Luthers Werke*, Band 18, Weimar
MARTIN LUTHER (1978 [1526]): *Ob Kriegsleute in seligem Stande sein können*, in: Calwer Luther-Ausgabe, Band 4, Gütersloh
KARL MARX: *Die sogenannte ursprüngliche Akkumulation*, in. *Das Kapital*, Band 1, Kapitel 24, MEW 23,765
LEWIS MUMFORD (1974): *Mythos der Maschine*, Wien
FABIAN SCHEIDLER (2015): *Das Ende der Megamaschine. Geschichte einer scheiternden Zivilisation*, Wien
THOMAS SEIFERT (1993): *Die Täufer zu Münster*, Münster
UNEP – United Nations Environmental Programm (2016): *Global Environmental Outlook* GEO-6, Nairobi
GÜNTER VOGLER (2008/2011): *Thomas Müntzer – Sein Weg von der Kanzel zu den aufständischen Bauern und Bürgern*, in: *Signaturen einer Epoche: Beiträge zur Geschichte der Frühen Neuzeit*, Berlin 2012
GÜNTER VOGLER (2014): *Die Täuferherrschaft in Münster und die Reichsstände: Die politische, religiöse und militärische Dimension eines Konflikts*

in den Jahren 1534 bis 1536, Gütersloh
IMMANUEL WALLERSTEIN (1986): *Das moderne Weltsystem. Kapitalistische Landwirtschaft und die Entstehung der europäischen Weltwirtschaft im 16. Jahrhundert*, Frankfurt/M.
IMMANUEL WALLERSTEIN (2004): *World-Systems Analysis. An Introduction,* Durham
IMMANUEL WALLERSTEIN (2010): *Die Barbarei der anderen – Europäischer Universalismus,* Berlin

Weiterführende Hinweise
Informationen zum Buch *Die Megamaschine*: www.megamaschine.org
Video-Aufzeichnung des Vortrags: www.megamaschine.org/videos/#reformation
Biografische Angaben zum Autor: http://www.megamaschine.org/autor/

GÜNTER VOGLER

Ist die marxistische Deutung der Reformation überholt? Versuch einer Antwort am Beispiel des Thomas-Müntzer-Bildes

Ein Geburtstagsgruß für Alejandro Zorzin

Die Frage nach der marxistischen Deutung der Reformation zielt auf die Forschungen einer Gruppe von Historikern in der DDR, die sich mit der Reformation und dem Bauernkrieg und deren Repräsentanten beschäftigten. Die Frage, ob deren Ergebnisse überholt sind, wurde bisher nur partiell beantwortet. Ich kann mich deshalb nur auf Meinungen in der einschlägigen Literatur und auf meine eigenen Erfahrungen berufen.

Die Hinwendung von Historikern und Theologen in der DDR zur Geschichte der Reformation ist nicht nur damit zu erklären, dass mit ihr gravierende historische Ereignisse in den Blick kommen. Sie ist auch der Tatsache geschuldet, dass das Territorium, auf dem 1949 die DDR entstand, seit Jahrhunderten von der lutherischen Reformation und dem Protestantismus geprägt wurde und sich hier viele für den reformatorischen Prozess bedeutende Orte befinden. Von Beginn an waren folglich neben dem wissenschaftlichen Interesse auch kulturelle und politische Motive relevant.[1] Die an den Forschungen und Debatten beteiligten Historiker und Theologen unterschiedlicher Provenienz beanspruchten verbal keineswegs eine Deutungshoheit, wenngleich dieser Aspekt im Nachhinein durchaus Beachtung verdient.

Der spezifische Beitrag der marxistischen Forschung erschließt sich aber nicht allein aus detaillierten Untersuchungen zu ökonomischen, sozialen, kulturellen und geistigen Prozessen, sondern hauptsächlich aus dem Konzept, Reformation und Bauernkrieg als „frühe bürgerliche Revolution" zu definieren. Das Thema soll deshalb zunächst unter diesem generellen Aspekt, sodann exemplarisch anhand der Forschungen über Thomas Müntzer erörtert werden.

1. Rezeptionsgeschichte: Reformation als Revolution?

Der Hamburger Historiker Rainer Wohlfeil gab 1982 zu bedenken: „Die Bezeichnung ‚Reformation' zählt zu den historischen Grundbegriffen, die geschichtswissenschaftlich unverzichtbar, zugleich aber interpretationsbedürftig sind. Ihrer wirklichen Bedeutungsfülle ist sich offenbar besonders die Literatur nicht bewusst, die sie benutzt, ohne ihr Begriffsverständnis darzulegen. Ein Offenlegen – zumindest im Sinne einer konkreten historischen Inhaltsbestimmung – ist jedoch zu fordern angesichts der Spannweite von Bedeutungsinhalten."[2]

Diese „Spannweite" zeichnet sich ab, wenn man sich nicht mit dem Singular begnügt, denn die reformatorischen Prozesse wurden von konkurrierenden Bewegungen geprägt.[3] Doch es gab zu keiner Zeit einen Konsens, wie „die Reformation" definitorisch zu erfassen ist.[4] Auch ihre Etikettierung als Revolution verweist auf eine lange Tradition[5] und ist keineswegs eine Erfindung marxistischer Historiker.

Georg Wilhelm Friedrich Hegel schrieb in den dreißiger Jahren des 19. Jahrhunderts, die „Hauptrevolution" sei mit der Reformation eingetreten.[6] Es sei ein falsches Prinzip, „daß die Fesseln des Rechts und der Freiheit ohne die Befreiung des Gewissens abgestreift werden, daß eine Revolution ohne Reformation sein könne".[7] Andere Autoren betonten das Streben nach geistiger bzw. bürgerlicher Freiheit.[8] Die Reformation galt ihnen als „Urrevolution", der weitere Revolutionen folgten, wie vor allem Georg Gottfried Gervinus 1843 und Wilhelm Zimmermann 1846 herausarbeiteten.[9]

Gefördert wurde mit der Interpretation der Reformation als Revolution in der Zeit des Vormärz das Bewusstsein, mit einer neuen Revolution das im 16. Jahrhundert begonnene Werk zu vollenden. Auch später postulierten Autoren einen Zusammenhang zwischen dem reformatorischen Prozess und dem Revolutionsthema. So gab 1879 Johannes Janssen dem zweiten Band seiner „Geschichte des deutschen Volkes seit dem Ausgang des Mittelalters" den Titel: „Zustände des deutschen Volkes seit dem Beginn der politisch-kirchlichen Revolution bis zum Ausgang der socialen Revolution von 1525".[10] Weitere Beispiele könnten belegen, in welchem Maß das Thema relevant blieb.

In den fünfziger Jahren des 20. Jahrhunderts gab es offenbar zunächst keinen unmittelbaren Anlass, im Zusammenhang mit der Reformation über das Revolutionsthema nachzudenken. Doch unbeachtet blieb es auch jetzt nicht. Der Theologe Walther von Loewenich, herausgefordert durch katholische Stimmen, urteilte zum Beispiel 1958 zurückhaltend: „Als Revolution sollte man die Reformation wohl nicht bezeichnen; aber ein revolutionierendes Moment läßt sich in ihrem Ansatz nicht verkennen. Selbstzufriedenes Beharren in einem erreichten Zustand widerspricht dem Wesen der Reformation."[11]

Die Interpretation der Reformation wurde im Lauf der Zeit vielfältiger, aber nicht unbedingt erhellender.[12] Winfried Becker bezeichnete sie zum Beispiel als „konfessionelle Revolution"[13], Robert M. Kingdon als „antiklerikale Revolution"[14], Heinz Scheible als „konservative Revolution"[15], und Kurt-Victor Selge präsentierte eine spezifische Charakterisierung Martin Luthers: „Der theologische Reformer von 1517 verstand sich also 1520 als Werkzeug einer gottgewirkten Revolution".[16] Heute wird der Revolutionsbegriff von vielen Autoren durch die Theorie sozialen Wandels ersetzt.[17]

Zu erinnern ist in unserem Zusammenhang an die damalige Forschungssituation. Als der Theologe Bernd Moeller 1965 eine kritische Bilanz vorlegte, konstatierte er, dass in „der Vernachlässigung des Reformationszeitalters durch die allgemeine historische Forschung [...] eine allgemeine und grundsätzliche Unsicherheit unseres Verhältnisses zu dem durch die Reformation eingeleiteten Geschichtszusammenhang zum Ausdruck" komme.[18] Auch könne das Gesamtbild, das die theologische Forschung anbiete, nicht befriedigen, so dass vielleicht von einer „Krise der theologischen Reformationsforschung in der Gegenwart zu sprechen" sei.[19] Diese habe sich weitgehend auf die reformatorische Theologie konzentriert. „In ihrem Gefolge ist uns nun aber vielfach die Reformation in ihrer geschichtlichen Qualität [...] aus dem Blick geraten."[20]

Moellers Schlussfolgerung lautete: „Es müsste unternommen werden, im sorgfältigen Wahrnehmen und Abwägen der politischen, wirtschaftlich-sozialen, geistigen und geistlichen Gegebenheiten und Antriebe die große Linie und das Wechselspiel der Geschehnisse und ihre Breiten- und Tiefendimension genauer, als das früheren Historikergenerationen möglich war, aufzufassen".[21]

Marxistische Historiker begriffen diese Situation als Herausforderung, zumal die theologisch-kirchengeschichtliche Forschung sich auch in der folgenden Zeit vornehmlich auf Martin Luther konzentrierte.[22] Erst in einem längeren Prozess war zu erkennen, „dass die historiographische Entwicklung von einer positivistisch naiven Monokausalität Luthers hin zu einer mehrdimensionalen Wahrnehmung des Kausalgeflechts von Reformation(en), dem Auftreten charismatischer Meinungsführer und dem epochalen Wandel der politischen, gesellschaftlichen, kulturellen und wirtschaftlichen Strukturen in der Umbruchszeit vom ausgehenden Mittelalter zur Vormoderne geht."[23] Die

Überwindung der Engführung war also relevant, und so dürfte es kein Zufall gewesen sein, dass marxistische Historiker sich jetzt der Untersuchung der reformatorischen Prozesse zuwandten.

2. Die marxistische Deutung der Reformation

Wenn von der marxistischen Deutung die Rede ist, zielt das – kurz gesagt – gemäß der marxistischen Geschichtstheorie auf die Erklärung historischer Prozesse als Abfolge von Gesellschaftsformationen, in denen Klassenkämpfe und Revolutionen den gesellschaftlichen Fortschritt stimulieren.[24] In diesem Verständnis wurden die Ereignisse und Prozesse, die für die Zeit von 1517 bis 1525 charakteristisch waren, also die frühe Phase der Reformation und der Bauernkrieg, als „frühe Form einer bürgerlichen Revolution" definiert. So urteilte 1952 der marxistische Historiker Alfred Meusel, dass Reformation und Bauernkrieg „zwei Etappen innerhalb ein und derselben Bewegung bilden. In den Jahren 1517 bis 1525 erlebt das deutsche Volk seine frühbürgerliche Revolution."[25]

In einer Rezension zu Meusels Buch schrieb der Historiker Günter Mühlpfordt, es handle sich um einen Terminus, „der uns recht glücklich scheint, um sowohl den progressiven sozialen Inhalt wie das noch nicht voll Ausgereifte der Bewegung auszudrücken".[26] Die These wurde schließlich 1960 von dem Historiker Max Steinmetz und seinen Mitarbeitern näher begründet[27] und in den folgenden Jahren angesichts kritischer Einwände inhaltlich präzisiert.[28]

Das Konzept geht davon aus, dass zwischen Reformation und Bauernkrieg enge Wechselbeziehungen bestanden.[29] Selbstverständlich wiesen beide ihr je eigenes Profil auf. Auch erfasste der Bauernkrieg nicht alle Regionen, in denen die Reformation Fuß fasste, und umgekehrt sind bäuerliche und städtische Aufstände auch in Regionen nachweisbar, in denen keine oder nur schwache reformatorische Einflüsse wahrzunehmen sind.

Strittig waren allerdings nicht die wechselseitigen Beziehungen und Beeinflussungen, sondern die Frage, inwiefern beide Ereigniskomplexe eine revolutionäre Qualität auszeichnet. Die folgenden Gesichtspunkte dürften in diesem Zusammenhang von Interesse sein:

Erstens: Die Interpretation des Evangeliums im reformatorischen Geist wurde von unterschiedlichen Schichten rezipiert, nicht zuletzt von den Aufständischen während der Erhebungen der Jahre 1524/25, kulminierend in der

Legitimierung der Forderungen und Aktionen mit dem „göttlichen Recht".

Zweitens: Das von Luther propagierte Gemeindeprinzip förderte die Mobilisierung der Aufständischen. Die Gemeinden der Gläubigen sollten Recht und Macht haben, ihre Prediger selbst zu wählen oder zu entheben. Das eröffnete die Perspektive, das eigenständige Handeln der Dorf- und Stadtgemeinden zu stärken und ihre Ansprüche mit dem Evangelium zu rechtfertigen.

Drittens: Die Aufständischen beriefen sich auf die von Luther vertretene Idee „christlicher Freiheit". Er meinte damit die Befreiung von päpstlichem Glaubenszwang, weil die Gewissen nur Gott verpflichtet seien. Aber „christliche Freiheit" musste sich nicht in diesem Verständnis erschöpfen, und so gewann das Schlagwort auch eine soziale und politische Dimension. Luther wies solche Interpretationen zurück, die Aufständischen konnten jedoch mit der populären Losung ihren Anspruch auf ökonomische Entlastung, Aufwertung ihrer sozialen Stellung und politische Partizipation legitimieren.

Viertens: Die Berufung auf das „göttliche Recht" ermöglichte es, die von regionalen Interessen geprägten Erhebungen aus ihrer Begrenztheit zu lösen. Denn mit ihm gewannen die regionalen Aufstände ein sie verbindendes Fundament. Der Bauernkrieg hätte sonst wohl nicht die Dimensionen angenommen, die ihn auszeichneten.

Fünftens: Reformatorische Anliegen wurden von Bauern und Städtebürgern bzw. Dorf- und Stadtgemeinden aufgegriffen. Aktionen richteten sich folglich gegen altgläubige Geistliche, Mönche und Nonnen, gegen Klöster oder geistliche Landes- und Stadtherren. Die reformatorische Bewegung erlangte auf diese Weise während des Bauernkriegs eine breitere soziale Basis, nachdem sie in ihrer frühen Phase überwiegend in größeren Städten (und in Adelskreisen) Resonanz gefunden hatte.

Im Unterschied zu älteren Interpretationen wird folglich der *Revolutionsbegriff* nicht für die Reformation *oder* den Bauernkrieg, sondern für beide Ereigniskomplexe gleichermaßen in Anspruch genommen, weil von ihnen systemsprengende Wirkungen ausgingen. Die tradierte kirchliche und teils auch die weltliche Ordnung wurden in Frage gestellt und der Versuch unternommen, die gesellschaftlichen Beziehungen und die sie absichernde Kirche neu zu gestalten.

Stichworte sind: freie und unverfälschte Predigt des Evangeliums und Pfarrerwahl, Respektierung der Normen des Evangeliums im täglichen Leben, Beseitigung oder Einschränkung des privilegierten Status von Geistlichkeit und Adel, Aufhebung der Klöster, Säkularisierung kirchlichen Besitzes, Einschränkung des Geltungsbereichs des geistlichen Rechts, Ausweitung der Berechtigungen von Dorf- und Stadtgemeinden, soziale Entlastung und politische Partizipation des „gemeinen Mannes", Gründung christlicher Vereinigungen, Synchronisierung von „Ehre Gottes" und „gemeinem Nutzen". Infrage gestellt wurden folglich generell oder partiell die Gesellschafts-, Eigentums- und Rechtsordnung.

Mit der Charakterisierung dieser Revolution als *bürgerlich* war beabsichtigt, den Revolutionsbegriff sozial zu profilieren. In den reformatorischen Bewegungen waren zwar unterschiedliche soziale Kräfte aktiv, aber vor allem städtische Schichten nahmen zuerst reformatorische Ideen und Forderungen an, und in vielen Kommunen wurden praktische Konsequenzen daraus gezogen.[30] Im Verlauf des Bauernkriegs wurden dann neben städtischen Schichten auch der „gemeine Mann" in den Dorfgemeinden aktiv und ländliche Gemeinden in die reformatorischen Prozesse integriert. Die Folge war in manchen Regionen des Reichs eine Verbürgerlichung des Kirchenwesens und eine Stärkung des Einflusses der Gemeinden. So wurde – im Bild gesprochen – das Tor zu einer neuzeitlichen bürgerlichen Gesellschaft aufgestoßen.

Mit dem präzisierenden *früh* wurden die – im Unterschied zu späteren Revolutionen – noch unausgereiften Bedingungen berücksichtigt. Zum einen existierte noch keine säkularisierte Gesellschaft, so dass die Bewegungen in das religiöse Milieu eingebunden blieben und mit der Dominanz des Kirchenwesens konfrontiert wurden. Zum anderen handelte es sich um den Beginn eines Transformationsprozesses von der feudalen zur bürgerlichen Gesellschaft, was Problemlösungen noch limitierte. Dieser Prozeß wurde *eingeleitet* (mehr nicht), und es bedurfte weiterer Anstöße, um später eine bürgerliche Gesellschaft zu konstituieren.[31]

Gegen dieses Konzept wurden zahlreiche Einwände vorgetragen[32], auch auf den „Metapherncharakter dieser hypothetischen Epochenbezeichnung" hingewiesen.[33] Gelegentlich wurde aber auch anerkannt, dass es sich um einen Versuch handelte, das Revolutionsproblem in seiner Bedeutung für die Epoche der frühen Neuzeit terminologisch zu erfassen. Das war – so der Historiker Peter Blickle – eine Herausforderung, „einen neuen interpretatorischen Gesamtentwurf zu liefern und nicht mit dem Vorwurf mangelnder empirischer Absicherung des Konzepts der Frühbürgerlichen Revolution den eigenen Positivismus schon für Erkenntnis zu halten."[34]

Der Theologe Gottfried Seebaß urteilte: „Erst durch die intensivierte historische Forschung und die stärkere Verflechtung von historischer und kirchenhistorischer Arbeit wurden seit dem Beginn der sechziger Jahre des 20. Jh. die bis dahin prägenden und noch immer vielfältig von den Fragestellungen und Urteilen des 19. Jh. bestimmten Konzeptionen durch andere abgelöst."[35] Als Beleg verweist er – neben anderen konzeptionellen Überlegungen – auf die Interpretation der Reformation als frühbürgerliche Revolution.[36]

So war es zum Beispiel auffällig, dass während des Kongresses aus Anlass des 500. Geburtstags Huldrych Zwinglis 1984 zum Thema „Die Reformation – eine Epochenwende" verschiedene Versionen vorgetragen wurden. Heiko A. Oberman referierte über „Die Reformation als theologische Revolution", Steven Ozment über „Die Reformation als intellektuelle Revolution", Günter Vogler über „Reformation als ‚frühbürgerliche Revolution'" und Peter Blickle über „Die soziale Dialektik der reformatorischen Bewegung".[37] Deutlich zeichnet sich ab, dass der Revolutionsbegriff inhaltlich unterschiedlich aufgefüllt wurde, aber auch, dass das Revolutionsthema relevant blieb.

3. Das Müntzerbild im Wandel

Nicht nur der Reformationsbegriff, sondern auch das Müntzerbild verweist im Verlauf der Jahrhunderte auf bemerkenswerte Wandlungen.[38] Martin Luther schrieb am 24. Januar 1528 an Georg Spalatin, als dieser ihm von einem geplanten Anschlag auf die Stadt Erfurt am Neujahrstag berichtete: „Muntzeri spiritus non desinit spirare" (Müntzers Geist ist noch nicht ausgerottet).[39] Diese von Besorgnis diktierte Warnung zitierten später wiederholt Theologen und Historiker, wenn sie Müntzers Geist noch zu spüren vermeinten, so zum Beispiel 1621 der lutherische Theologe Johann Schelhammer in seiner Auseinandersetzung mit der Lehre Valentin Weigels: „Darumb hohe Potentaten auf solche Weigelbrüder wol ein Auge haben mögen / daß sie nicht mit Thomas Müntzers Panir sich [...] herfür thun".[40] Obwohl einige Autoren – Sebastian Franck (1531), Valentin Weigel (1614) und Gottfried Arnold (1699/1700) – vorsichtig neue Akzente setzten, wurden ketzerische Bewegungen, die evangelische und katholische Theologen wahrzunehmen vermeinten, immer wieder auch auf Müntzers Einfluss zurückgeführt.

Nach 1789 blieb zwar angesichts der Französischen Revolution die Tendenz dominant, vor revolutionären Bewegungen zu warnen, doch manche Autoren sahen nun in Müntzer und den Aufständischen der Bauernkriegszeit Revolutionäre, die denen in Frankreich vergleichbar seien. Als Karl Traugott Hammerdörfer 1793 eine „Geschichte der Lutherischen Reformation und des deutschen Krieges" veröffentlichte, fand er – bei aller Kritik – in Müntzers Lehre „sehr viel gesunde Vernunft verborgen", und er verblüffte mit seinem

Urteil: „Hätte Münzer Glück gehabt, so würde sein Nahme neben dem Stauffacher und Tell prangen."[41] Müntzer als Freiheitsheld – das war ein neuer Ton, der künftig nicht folgenlos blieb.

Angeregt wurde das biographische Interesse an Müntzer. So tendierten die Pfarrer Georg Theodor Strobel (1795), Johann Friedrich Köhler (1799) und Johann Karl Seidemann (1842) mit ihren Biographien zu einem sachlicheren Bild, wenn auch das negative Urteil über Müntzers Persönlichkeit weiter tradiert wurde. Eine Wende leitete erst der Historiker Wilhelm Zimmermann mit seiner „Allgemeinen Geschichte des großen Bauernkrieges" (1841–1843, überarbeitete Aufl. 1846) ein. Für ihn war Müntzer einer der herausragenden „Männer der Bewegung", den er allerdings als „Streiter der Vernunft" charakterisierte und dessen Lehre er mit dem Vokabular der Aufklärung und des Liberalismus interpretierte.[42] Als dann Friedrich Engels 1850 seine Schrift „Der deutsche Bauernkrieg" publizierte, wurde der „plebejische Revolutionär" zum Allgemeingut der sozialistischen Bewegung, aber seine theologische Lehre trat in den Hintergrund.

Nach dem Ersten Weltkrieg erhielt angesichts der Verunsicherung durch den verlorenen Krieg einerseits, die Revolutionen in Russland 1917 und in Deutschland 1918 andererseits, die Müntzerforschung neuen Auftrieb. So plädierte der Philosoph Ernst Bloch 1921 mit seiner Schrift „Thomas Münzer als Theologe der Revolution" für eine andere Sicht. Eine Kategorie seiner Philosophie war das „Noch-Nicht-Sein", und in Müntzer sah er folglich ein Exempel, was gedacht wurde und noch nicht Realität war, aber zur „konkreten Utopie" werden konnte.

Auf die Schriften Blochs, aber auch der Publizisten Hugo Ball (1919) und Ludwig von Gerdtell (1921) reagierten zuerst Vertreter der „Lutherrenaissance". Der Historiker Heinrich Boehmer urteilte 1923: „So bemühen sich jetzt Bolschewisten, Religiös-Soziale, Religiöse Anarchisten und andere Urchristen, die sich sonst wenig mögen, einträchtiglich, das deutsche Volk zu belehren, daß es ganze vierhundert Jahre hindurch irre gegangen sei und noch in Versailles dafür habe büßen müssen, und zwar mit Recht, da es seinen größten Propheten, Thomas Münzer, einst von sich gestoßen habe."[43]

Zu dieser Zeit legte der Theologe Karl Holl erstmals eine solide Würdigung der Theologie Müntzers vor, „in dem der Gegensatz zu Luther zuerst zum deutlichen Bewußtsein über sich selbst gelangt" sei[44], und Boehmer urteilte schließlich, Müntzer sei „nächst Luther der selbständigste und originellste Denker seiner Zeit" gewesen.[45]

Bloch, Boehmer und Holl gaben dem Müntzerbild ein neues Profil, und diskutiert wurde nun auch die Frage nach der Bedeutung der Apokalyptik und der Mystik für Müntzers Theologie. Die Zeit der simplen Polemik war zwar Vergangenheit, aber ein Objekt im weltanschaulichen Disput ist Müntzer geblieben. Das war die Situation, mit der nach dem Zweiten Weltkrieg marxistische Historiker konfrontiert waren.

4. Die marxistische Müntzerforschung

Die Forschungen nach dem Zweiten Weltkrieg wurden stark von der gesellschaftlich-politischen Situation beeinflusst: von der Gründung und Existenz von zwei deutschen Staaten mit konträren weltanschaulichen Grundlagen und einem differierenden Geschichts- und Traditionsverständnis, und das eingebettet in die Systemauseinandersetzung zwischen Ost und West. Die Folge war, dass unterschiedliche Müntzerbilder konkurrierten.[46]

Der Leipziger Theologe Helmar Junghans hat 1989 in einem Vortrag darauf hingewiesen, dass es in der DDR zu keiner Zeit nur *ein* Müntzerbild gegeben habe".[47] Das ist zutreffend, denn mit Müntzer beschäftigten sich künftig marxistische und nichtmarxistische Historiker ebenso wie Theologen und Kirchenhistoriker. Während Letztere an die bisherigen Forschungen zur Reformationsgeschichte anknüpfen konnten, bedurfte es eines längeren Anlaufs, ehe von einer eigenständigen marxistischen Forschung die Rede sein konnte.

Deshalb erfolgte zunächst der Rückgriff auf Friedrich Engels, und da dieser sich auf Wilhelm Zimmermann berief, wurde dessen Darstellung eine viel benutzte Lektüre. Für Engels repräsentierten Luther und Müntzer „nach ihrer Doktrin wie nach ihrem Charakter und ihrem Auftreten jeder seine Partei vollständig."[48] Luther war für ihn der „Repräsentant der bürgerlichen Reform"[49], Müntzer der „plebejische Revolutionär".[50] Engels registrierte zwar, dass Müntzer vor allem Theologe gewesen sei[51], doch mit dem Eingreifen in den Bauernkrieg habe er sich von der bürgerlichen Reformation getrennt und sei im Frühjahr 1525 „ganz Revolutionsprophet" geworden.[52]

Müntzers Insistieren auf der „lebendigen Offenbarung Gottes" interpretierte Engels – wie schon Zimmermann – rationalistisch, als vernunftgemäßes Herangehen an die Probleme der Zeit.[53] Schließlich sah er in Müntzers Lehre die Antizipation plebejischen Denkens.[54] Diese Position von Engels beeinflusste das marxistische Müntzerbild längere Zeit.

Wer den Wandel des Müntzerbilds verfolgt, sieht sich mit einem Prozess konfrontiert, den Helmar Junghans mit drei Begriffen charakterisierte: Konfrontation, Koordination, Dialog.[55] Die Konfrontation ergab sich aus den unterschiedlichen Interessen und Methoden marxistischer Historiker einerseits und der kirchengeschichtlich-theologischen Forschung andererseits. Dem folgten bald die stärkere gegenseitige Kenntnisnahme der Arbeitsergebnisse, die sachliche und kritische Diskussion der unterschiedlichen Standpunkte und die partielle Zusammenarbeit.

Im Jahr 1952 erschienen zwei Publikationen, die eine neue Phase der Müntzerforschung anzeigten und nachhaltig wirkten. Zum einen legte der Historiker Carl Hinrichs die als Einleitung zu einer Quellenedition gedachte Untersuchung „Luther und Müntzer. Ihre Auseinandersetzung über Obrigkeit und Widerstandsrecht" vor.[56] Er war kein marxistischer Historiker, ihm ging es aber darum, „Müntzers Entwicklung zum Revolutionär aus der politischen Situation zu begreifen, in der sich die Kontroverse zwischen dem Wittenberger Reformator und dem Allstedter ‚Seelsorger' entwickelte und ihrem Höhepunkt zutrieb."[57] Kritiker wandten ein, Hinrichs sehe Müntzer zu modern, da er ihn stark unter sozialrevolutionären Gesichtspunkten werte. Doch er hat sich verdient gemacht, Müntzers Theologie als Grundlage für dessen gesellschaftliches Handeln zu erschließen.

Zum anderen wurde das Werk des sowjetischen Historikers Moisej Mendeleič Smirin in deutscher Übersetzung veröffentlicht: „Die Volksreformation des Thomas Münzer und der große Bauernkrieg" (2., verbesserte. und ergänzte Aufl. 1956). Smirin beschäftigte sich seit den dreißiger Jahren mit Themen der deutschen Geschichte des 15. und beginnenden 16. Jahrhunderts. Während des Zweiten Weltkriegs nach Taschkent evakuiert, erarbeitete er dort unter schwierigen Bedingungen seine Müntzerdarstellung, die er 1947 in russischer Sprache publizierte.

Smirin fragt nach den mittelalterlichen Wurzeln Müntzers, um dessen theologisches Fundament zu erschließen. Er sieht allerdings in dessen Theologie – hier Engels folgend – rationalistische Züge. Den Kern seiner Untersuchung bildet die These, es handle sich nicht um eine bäuerliche oder plebejische Ideologie, sondern um eine Volksreformation[58], deren Ziel „in der Umgestaltung des materiellen Lebens, in der Ausrottung des Bösen in der Welt durch die revolutionäre Kraft des Volkes und in der Errichtung des ‚Reiches Gottes' auf Erden" bestanden habe.[59] Smirin hat auch nachzuweisen versucht, wie dieses Programm während der bäuerlichen Aufstände in verschiedenen Regionen aufgenommen wurde. Er überschätzt jedoch den Einfluss Müntzers, wenn er in ihm gleichsam den leitenden Kopf des ganzen Bauernkriegs sieht.

Von Hinrichs und besonders von Smirin wurde die marxistische Sicht längere Zeit stark beeinflusst. Ihre Publikationen wurden in den folgenden Jahren als Herausforderung zur kritischen Weiterarbeit verstanden. So wurde der Leipziger Historiker Gerhard Zschäbitz zu der Frage angeregt, zu welchen Schlüssen man gelange, wenn das ausgeprägte religiöse Bewusstsein Müntzers respektiert werde. Dessen Grundinteresse gelte – so seine Schlussfolgerung – „einem religiösen oder ethischen Endzweck, dem sich sein unmittelbares sozialpolitisches Wollen unterordnete."[60] Während des Bauernkriegs habe Müntzer folglich sozialpolitische Forderungen „nicht um ihrer selbst willen gestellt, sondern letzten Endes in Hinblick auf die Errichtung einer gottgewollten Ordnung, in der sich der Wille Gottes unmittelbarer und breiter verwirklichen konnte als in einer von Menschen verderbten."[61] Dieser produktive Ansatz wurde in der marxistischen Forschung allerdings erst spät rezipiert.

Da marxistische Historiker zunächst die von Engels betonte Konfrontation von Luther und Müntzer tradierten, sahen Theologen und Kirchenhistoriker sich veranlasst, ihren Standort zu bestimmen. Der Theologe Siegfried Bräuer hat die Situation zutreffend beschrieben: „Zugespitzt formuliert kann man sagen, daß die Anfänge der theologischen Müntzerforschung nach 1945 nicht aus eigenem Antrieb entstanden sind. Die Auseinandersetzung mit diesem Gegner Luthers ist den Kirchenhistorikern zunächst durch das starke Interesse marxistischer Publizisten und Historiker für Müntzer aufgenötigt worden."[62]

Evangelische Kirchenhistoriker begannen, so Helmar Junghans, „die marxistische Müntzerdarstellung zu hinterfragen. Sie begaben sich damit auf den Weg, den Boehmer 1922 als Reaktion auf das Müntzerbuch von Ernst Bloch eingeschlagen hatte: die Erforschung historischer Fakten und eine auf die geschichtliche Situation bezogene Quelleninterpretation, um die sozialistische Müntzerinterpretation zu widerlegen."[63]

So wandte sich zum Beispiel der Leipziger Theologe Franz Lau in seinem Aufsatz „Die prophetische Apokalyptik Thomas Müntzers und Luthers Absage an die Bauernrevolution"[64] gegen die „Politisierung" beider Persönlichkeiten. Er untersuchte Müntzers Selbstbewusstsein als apokalyptischer Prophet und Luthers Widerstand, ihn als solchen anzuerkennen. „Damit hatte Lau zwar dem Sozialrevolutionär bzw. rationalistischen Theologen Müntzer den apokalyptischen Propheten Müntzer entgegengestellt, aber noch keinen Beitrag zu einer der schwierigsten Fragen jeder Müntzerdarstellung, seine Verknüpfung von Theologie und Sozialbewegung, geleistet."[65]

Mit den Thesen „Die frühbürgerliche Revolution in Deutschland" von

1960[66] wurde eine Interpretation vorgelegt, die für die marxistische Müntzerforschung längere Zeit Leitlinien vorgab. Müntzers Lehre wurde hier – Smirin folgend – als „Ausdruck der konsequentesten Volksreformation" bezeichnet.[67] „Müntzers Lehre beeinflusste die revolutionären Bauern und Plebejer im ganzen Aufstandsgebiet, in allen Bauernlagern fanden sich seine Anhänger, die für ein kompromissloses Vorgehen gegen die Feudalherren und ‚für die Einheit der zerrissenen deutschen Heimat' eintraten. Mit der Hinrichtung Müntzers verlor die frühbürgerliche Revolution ihren hervorragendsten Führer. Seine Anhänger aber versuchten noch ein gutes Jahrzehnt, für die Sache der Volksreformation zu wirken."[68]

Müntzers Ideologie erweise sich „als Vorform der proletarischen Klassenideologie". Er überspringe gleichsam seine Zeit und „weise den Weg zu einer damals undurchführbaren, aber in der Zukunft allein richtigen Lösung."[69] Nahe gelegt wurde hier immer noch eine säkularisierte Sicht Müntzers und sein Einfluss während des Bauernkriegs überschätzt.

Nach der Veröffentlichung dieser Thesen wäre zu erwarten gewesen, dass eine intensive Forschung einsetzte. Das war jedoch nicht der Fall. Exemplarisch sind nur die Publikationen des Leipziger Historikers Manfred Bensing zu nennen. Nach Studien zu einigen speziellen Themen stellte er 1965 in einer kleinen Biographie den radikalen Reformator nach dem damaligen Kenntnisstand vor.[70] Die weithin sachliche Nachzeichnung von Müntzers Weg mündet in die Feststellung: Bei Müntzer handle es sich um eine Persönlichkeit, „die ihrer Überzeugung und ihrem Programm treu blieb, die lediglich eingestand, etwas zu Großes zu früh gewollt zu haben. Darin schien ihm der Irrtum zu bestehen, für den er mit dem Leben büßte."[71]

Mit Bensings Dissertation „Thomas Müntzer und der Thüringer Aufstand 1525" (1962), die 1966 als Buch veröffentlicht wurde, lag erstmals eine quellenfundierte Darstellung der Bauernkriegsphase in Thüringen vor. Über Müntzer urteilte er jetzt: „Er war der von messianischem Sendungsbewusstsein erfüllte, einen idealen Weltzustand kühn vorausahnende religiös-philosophische Denker und der soziale Revolutionär, der im einfachen Volk den Willensvollstrecker des göttlichen Gesetzes in dieser Welt sah und deshalb in den sozialen und politischen Kämpfen seiner Zeit den ersten praktischen Schritt zum emanzipierten Zustand menschlicher Freiheit und Gleichheit erblickte."[72]

Zu erkennen ist das Bemühen um ein theologisches Verständnis Müntzers, und angeregt wurde die Diskussion über das Wechselverhältnis von theologischem Denken und gesellschaftlichem Handeln, wie es zuvor Ernst Bloch ins Spiel gebracht hatte. Dem Thema wandten sich bald andere marxistische Forscher zu, aber auch Historiker und Theologen in der Bundesrepublik, wobei jeder zu einer spezifischen Antwort fand.

Indem marxistische Historiker sich nun stärker bemühten, den revolutionären Gehalt von Müntzers Lehre aus den Quellen zu ermitteln, zeichnete sich erstmals eine Annäherung von Fragestellungen und die Möglichkeit ab, die konfrontative Sicht zu überwinden und eine Brücke zu schlagen, die den produktiven wissenschaftlichen Austausch ermöglichte. Der Hamburger evangelische Theologe Bernhard Lohse hat 1991 in einem Überblick zur neueren Müntzerforschung den Annäherungsprozess nachgezeichnet und darauf hingewiesen, dass heute nicht vergessen werden sollte, „daß die Ansätze zu dieser langsam wachsenden Gemeinsamkeit bereits in den 70er Jahren deutlich hervortraten".[73]

Der Weg zum gegenseitigen Austausch verlief allerdings nicht geradlinig. Als der Kirchenhistoriker Walter Elliger 1975 eine Müntzerbiographie vorlegte[74], zeugte diese nicht von der Bereitschaft zum Dialog. Elliger beschäftigte sich seit den fünfziger Jahren mit Müntzer und legte mehrere kleinere Veröffentlichungen vor. Die Biographie war also langfristig vorbereitet worden und erhob mit ihrem Umfang von 842 Seiten schon äußerlich den Anspruch, dass es sich um ein gewichtiges Werk handle. Die Lektüre offenbart indes schnell, dass eine „Antikonzeption" präsentiert wird, gerichtet nicht zuletzt gegen die marxistische Interpretation Müntzers.

Ein Schüler Elligers berichtete später, dieser habe im Seminar „Thomas Müntzer als Theologen erweisen wollen, um ihn nicht den Marxisten zu überlassen; das war auch noch die Absicht seines späteren Müntzerbuches. Ich hatte dagegen die Ansicht vertreten, ein derartig wirrer Geist wie Müntzer, der sich und so viele andere Menschen ins Unglück gestürzt hatte, könne getrost den Marxisten überlassen bleiben – wenn die einen solchen Ahnherrn denn überhaupt haben wollten."[75]

Da Elliger besonders gegen die Auffassungen Bensings polemisierte, reagierte dieser, der Leser sehe sich „auf eine Stufe der Müntzer- und Bauernkriegsdarstellung zurückversetzt [...], die er in den siebziger Jahren unseres Jahrhunderts überwunden wähnte."[76] Auch verfasste Elliger seinen Text nicht sine ira et studio, wie er im Vorwort ankündigte. So urteilte denn auch der Theologe Siegfried Bräuer, „daß das Buch bei allem Bemühen um ein theologisches Müntzerverständnis aus einer Haßliebe heraus geschrieben ist".[77]

Elliger bezeichnete es als sachlich begründete und wesentliche Aufgabe einer Biographie Müntzers, „historisch-kritisch zu klären, wie der Reformator zum ‚Aufrührer' geworden ist"[78], und er war generell um den Nachweis bemüht, dass dieser nichts mit sozialem Umsturz zu tun habe. Letztlich war er für ihn ein „Außenseiter der Reformation".[79] Rezensenten haben zwar die Leistung Elligers gewürdigt, aber auch grundsätzliche Einwände vorgetragen. Siegfried Bräuer urteilte folglich, Elligers Buch sei „gewissermaßen das gewichtige Schlußglied in der Kette der polemisch-apologetischen Müntzerdarstellungen".[80]

Seit den sechziger Jahren fand Müntzer in wachsendem Maß auch international Beachtung – in der Tschechoslowakei, in Großbritannien und den USA, aber auch in Frankreich, Italien und Japan, so dass erstmals von einer internationalen Müntzerforschung die Rede sein kann. Bald untersuchten auch Literatur- und Sprachwissenschaftler, Philosophiehistoriker und Politikwissenschaftler einzelne Aspekte und bereicherten das Bild.

Neue Impulse erhielt die Forschung vor allem angesichts der anstehenden Jahrestage: 450. Jahrestag des deutschen Bauernkriegs 1975, 500. Geburtstag Luthers 1983 und 500. Geburtstag Müntzers 1989. In dieser Phase wurden die Begegnungen von Theologen und Historikern und die internationalen Kontakte intensiver. Die Folge war eine Atmosphäre wachsenden Vertrauens, die zur Versachlichung der Debatten führte.

Das sich wandelnde Verhältnis der evangelischen Kirchen in der DDR zu Müntzer belegen Studienseminare, deren Vorträge unter dem Titel „Thomas Müntzer – Anfragen an Theologie und Kirche" publiziert wurden.[81] Der Theologe Rudolf Mau urteilte rückblickend, es sei der Versuch gewesen, „Müntzer in der evangelischen Kirche zur Kenntnis zu nehmen und bekannt zu machen. Dabei spielte der Gedanke, angesichts des damaligen Gedenkjahres der marxistischen Inanspruchnahme Müntzers durch genaue Nachfrage bei den Quellen kritisch begegnen zu können, eine wichtige Rolle. Aber schon damals ging es nicht nur um Apologetik, sondern auch um den Versuch herauszufinden, was dieser höchst umstrittene und streitbare Theologe und Prediger der frühen Reformationsgeschichte der Kirche heute zu sagen haben könnte."[82]

In dieser Phase waren marxistische Historiker, aber auch Vertreter anderer Disziplinen bemüht, Müntzers Leben und Wirken sowie seine Lehre eingehender aus den Quellen zu erschließen. Sie waren gleichsam Restauratoren, die Staubschichten und Übermalungen abtragen mussten, um das Original wieder kenntlich zu machen. Das Ergebnis war, dass die Müntzer-Forschung „in den 1970er und 1980er Jahren einen steilen Aufstieg zu verzeichnen hatte und auch theologisch ein intellektuelles Niveau erreicht, das selbst die internationale Luther-Forschung in den Schatten stellte."[83]

Wissenschaftliche Beiträge galten dem Umfeld, in dem Müntzer lebte und wirkte. Dabei interessierten vor allem die Städte Zwickau, Allstedt und Mühlhausen, aber auch Müntzers Rolle in der Phase des Bauernkriegs in Thüringen, und Persönlichkeiten, mit denen er in Kontakt stand. Untersuchungen fragten nach den Quellen seiner Lehre, der Druckgeschichte seiner Schriften und deren Sprache. Untersucht wurden Schwerpunkte seiner Lehre, beispielsweise sein Verhältnis zur Bibel, seine Endzeiterwartung, sein Menschenbild, sein Verhältnis zu den Obrigkeiten sowie die Rezeptionsgeschichte. Die Ergebnisse der Forschungen gingen schließlich in Überblicksdarstellungen ein.[84] Das entscheidende Ergebnis war, dass ältere säkularisierte Sichten überwunden und Müntzer stärker als Prediger und Seelsorger wahrgenommen wurde, denn diese Ämter bestimmten stets sein Handeln.

Das Jahr 1989 markiert einen Höhepunkt, als der vermeintlich 500. Geburtstag Müntzers – das genaue Jahr ist bekanntlich umstritten – Historikern, Theologen und Vertretern anderer Disziplinen die Gelegenheit bot, sich gründlich auf diesen Jahrestag vorzubereiten.

Der Bund der Evangelischen Kirchen in der DDR berief bereits 1984 eine „Arbeitsgruppe Thomas Müntzer", die eine „Orientierungshilfe zum Gedenken des 500. Geburtstages von Thomas Müntzer" erarbeitete.[85] Dort heißt es: „Thomas Müntzer ist in dem Bemühen, das Evangelium Jesu Christi neu zur Geltung zu bringen, einer der profilierten Theologen der Reformationszeit gewesen. Er ist der Auseinandersetzung mit Luther nicht ausgewichen. Damals sind seine Theologie und sein Handeln verworfen worden. Gerade so aber ist Müntzer einer der Exponenten revolutionärer Traditionen des 16. Jahrhunderts geblieben."[86] Daraus werden Aufgaben abgeleitet: „Da die außerkirchliche Müntzerrezeption in der DDR eine besondere Bedeutung hat, müssen die evangelischen Kirchen entsprechend dem neuesten Stand der Müntzerforschung gesprächsfähig sein und Möglichkeiten zu einem Dialog wahrnehmen."[87]

Das Pendant dazu waren 1988 publizierte Thesen aus marxistischer Sicht. Die Leistung Müntzers wird hier wie folgt beschrieben: „Am Beginn einer Epoche gesellschaftlicher Umwälzungen, die durch den Übergang vom Feudalismus zum Kapitalismus gekennzeichnet war, erstrebte er auf der Grundlage seines revolutionären Verständnisses christlicher Lehren eine radikale Umgestaltung der Gesellschaft im Interesse des ausgebeuteten und geknechteten Volkes. Er entwickelte eine Theologie der Revolution mit dem Ziel, jegliche Klassenherrschaft zu überwinden. Er erkannte im einfachen Volk den Träger und in der revolutionären Gewalt das Mittel dieser Umwälzung."[88]

In diesen Thesen – so Rudolf Mau – spiegle sich „nicht nur in der Wortwahl eine Präzisierung, sondern eine beträchtliche Veränderung, ja Infragestellung des bisher gewohnten Müntzer-Bildes bis in den Bereich fundamentaler Aussagen".[89]

Zweifellos differierten die Standpunkte marxistischer Historiker und evangelischer Theologen weiterhin, doch wissenschaftliche Veranstaltungen trugen dem Dialoggedanken Rechnung und repräsentative Ausstellungen vermittelten ein versachlichtes Bild. Nachdem evangelische Theologen und marxistische Historiker sich bereits seit einigen Jahren zu Expertengesprächen getroffen hatten[90], nahmen zum Beispiel an der wissenschaftlichen Konferenz der Akademie der Wissenschaften der DDR in Halle Theologen und Historiker aus mehreren Ländern teil, und umgekehrt waren marxistische Historiker zur Tagung des Theologischen Arbeitskreises für Reformationsgeschichtliche Forschung im Augustinerkloster in Erfurt geladen.

Besonders auffällig war das Erscheinen mehrerer biographisch orientierter Publikationen. In der BRD erschienen die Darstellung Müntzers als Mystiker, Apokalyptiker und Revolutionär von Hans-Jürgen Goertz und die Studien über seine Herkunft und Bildung von Ulrich Bubenheimer, in der DDR ein von Siegfried Bräuer und Helmar Junghans herausgegebener Band mit Beiträgen zu seiner Theologie. Biographien bzw. biographische Studien publizierten in Großbritannien Tom Scott und in den USA Eric W. Gritsch und Abraham Friesen.

Aus marxistischer Feder wurden jetzt erstmals die neueren Forschungen reflektierende biographische Beiträge vorgelegt. Der Leipziger Historiker Max Steinmetz trug sich seit längerem mit der Absicht, eine Müntzerbiographie zu erarbeiten, aber sein Gesundheitszustand erlaubte es ihm nicht, das Manuskript abzuschließen. So blieb es bei einer Teilbiographie: „Thomas Müntzers Weg nach Allstedt"[91], mit der dem Leser ein anschauliches Zeitbild angeboten wurde.

Die Müntzerbiographie des Berliner Historikers Gerhard Brendler trägt den Untertitel „Geist und Schwert" und zeigt damit an, dass ihn besonders das Spannungsverhältnis von Müntzers Theologie und deren gesellschaftlicher Relevanz interessierte. Sein Anliegen umschreibt er mit den Fragen: „Woran hat er geglaubt, wofür hat er gekämpft, worauf hat er gehofft und wie ist er zur Wirkung gelangt?"[92] Als biographischer Versuch versteht sich der von mir erarbeitete Band. Mit ihm war beabsichtigt, die Ergebnisse der Forschung zusammenzufassen und zu prüfen, was als gesichertes Wissen gelten kann und was offen bleiben muss und der weiteren Erforschung bedarf. Denn

„dem erreichten Forschungsstand ist es angemessen, nicht voreilig definitive Antworten zu formulieren. Insofern geht es nicht um eine endgültige Biographie, sondern um den Versuch der Annäherung an eine faszinierende historische Persönlichkeit."[93]

Den Stand der Forschung hat damals Rudolf Mai mit den Worten umschrieben: „In jüngster Zeit gab es nun allerdings beachtliche Neuansätze bei der Sichtweise und Urteilsbildung auf beiden Seiten. Marxistische Historiker nehmen in ganz anderer Weise als früher zur Kenntnis, daß reformationsgeschichtliche Vorgänge als fundamentale Auseinandersetzungen über Glaubensfragen verstanden werden müssen [...]. Auf theologischer Seite kommen zum Teil wenig beachtete Gesichtspunkte wie der sozialgeschichtliche Aspekt oder die Wirkungsgeschichte von Glaubenentscheidungen, das heißt aber Fragestellungen, die für Marxisten besonders wichtig sind, stärker zur Geltung."[94]

5. Ist die marxistische Deutung der Reformation überholt?

Eine abschließende Antwort muss fragmentarisch bleiben, denn ein definitives Urteil erfordert, die einschlägigen empirischen Untersuchungen eingehender zu befragen, was nicht die Aufgabe meines Beitrags sein konnte. Auch kann ein Urteil nicht an der Tatsache vorbeisehen, dass die Situation sich seit 1989/90 grundlegend verändert hat.

Realistisch beschreibt der Leipziger Historiker Helmut Bräuer die veränderte Lage: „Mit dem Jahr 1989 verschwand der Begriff der frühbürgerlichen Revolution aus der Diskussion – zügig und ohne Lärm; heute gewinnt man den Eindruck, als habe es ihn nie gegeben. War diese mit dem Konzept der deutschen frühbürgerlichen Revolution verbundene Form der Suche nach einer Erklärung für die Phänomene des Beginns der Neuzeit ein wissenschaftlicher Irrweg? Sind die hinter ihm stehenden theoretischen Erwägungen samt und sonders mit wissenschaftlichen Mitteln ad absurdum geführt worden? Oder handelt es sich um die 'Befreiung' der Theologie- und Kirchengeschichte dieses Zeitraums von gesellschaftlichen 'Einbindungen'? Vielleicht haben auch gesellschafts- und/oder machtpolitische Entscheidungen den wissenschaftlichen Diskurs abgeschnitten."[95] Damit veränderte sich aber auch die Situation hinsichtlich der Deutungsmacht grundlegend.

Die Diskussion ist nicht abgebrochen worden, weil das wissenschaftliche Potenzial erschöpft war, sondern weil mit der nun dominanten politischen

Entwicklung auch die wissenschaftlichen Strukturen und Interessen sich veränderten. Auf diese Tatsache zielt das Urteil von Peter Blickle: „Heute freilich hat das Konzept der frühbürgerlichen Revolution wegen des Zusammenbruchs des Staatssozialismus jede Attraktivität verloren. Für Dekonstruktivisten wird es noch interessant im Zuge der Analyse der *Staatsmythen*."[96] Der Schweizer Historiker Laurenz Müller hat das Dilemma auf den Punkt gebracht: „Mit der Umwandlung und ‚Abwicklung' der geschichtswissenschaftlichen Institutionen und dem Versiegen verschiedener staatlicher Geldquellen wurde der Lebensnerv der Frühbürgerlichen Revolution durchtrennt."[97]

Wie das Ergebnis der Forschungen und Diskussionen zu bilanzieren ist, soll zunächst mit einigen Stimmen aus nichtmarxistischer Sicht belegt werden. Ein kurzes Resümee der Historikerin Luise Schorn-Schütte lautet: „Das Deutungsmuster von der 'Reformation als frühbürgerliche Revolution' hat die europäische und die nordamerikanische Reformationsforschung der letzten Jahrzehnte beständig in Bewegung gehalten. Die Fülle der durch die marxistische Herausforderung entstandenen Einzelforschungen hat den Kenntnisstand zur sozialen, wirtschaftlichen und theologischen Fundierung der Reformation erheblich gesteigert. [...] Ein großer Ertrag ist zweifelsohne vorhanden, wobei nicht vergessen werden sollte, daß das Konzept der frühbürgerlichen Revolution Teil des universalistischen Geschichtsverständnisses des Historischen Materialismus ist, der sich als Weltanschauung versteht und deshalb nur eine begrenzte Diskussionsfähigkeit aufzubringen bereit ist".[98]

Dem letzten Satz kann man entgegenhalten, dass gerade die Diskussion ein Mittel war, um das Konzept auszuformen. In diesem Prozess entwickelte sich – so der Theologe Gottfried Seebaß 1997 – das marxistische Bild der Reformation „zu einer die ideologischen Fesseln sehr behutsam und allmählich lösenden, in gleichem Maß aber wissenschaftlich ernsthaft zu diskutierenden Gesamtinterpretation der Reformation im weiteren Zusammenhang der europäischen Revolutionsgeschichte. Dem entsprach die Reaktion der westlichen Forschung, die sich von diskussionsloser Ablehnung über argumentierende Diskussion zum Ernstnehmen der damit bestehenden Herausforderung entwickelte."[99]

Auf die Resonanz des Konzepts verweist auch der Historiker Heinz Schilling, wenn er hervorhebt, die DDR-Historiker hätten „Zug um Zug die reformationsgeschichtliche Perspektive sachlich und epochal geöffnet, bis es möglich war, in einem weiten Bogen vom Spätmittelalter bis ins 18. Jahrhundert den Blick auf kirchen- und religionsgeschichtliche Wendemarken oder Alternativen zu richten, die allenfalls noch locker und flexibel mit einer po-

litischen oder gesellschaftlichen Revolution in Verbindung gesetzt wurden".[100]
Der Historiker Peter Blickle hält es für unstrittig, „daß mit diesem Konzept verkrustete und verhärtete durch Gesamtdarstellungen und Handbücher kanonisierte Auffassungen überprüft, hinterfragt und kritisch betrachtet werden konnten und sollten".[101] Konkreter urteilt er an anderer Stelle, die marxistische Forschung in der DDR habe „mit der Figur der *Frühbürgerlichen Revolution* einen reflektierten Revolutionsbegriff zur Anwendung gebracht. Sein innovatorisches Potential lag darin, dass in ihm Bauernkrieg und Reformation [...] begrifflich zusammengefasst waren, und zwar in der Weise, dass die Reformation als ideologischer Ausdruck der Klassengegensätze in der Gesellschaft erscheinen konnte. Wenn das eine Stärke war, lag darin aber nicht minder eine Schwäche, weil die Theologie der Reformatoren nicht plausibel, geschweige stringent als Ideologie aufständischer Bauern und Handwerker [...] abgeleitet werden konnte. [...] Innovatorisch war diese Interpretation dennoch, weil sie den bisherigen positivistischen und deskriptiven Umgang mit dem Ereigniskomplex als unbegriffene Geschichte denunzierte."[102]

Die zitierten Meinungen kann man so verstehen, dass das marxistische Konzept eine Herausforderung war, weil es zur Überprüfung tradierter Reformationsbilder veranlasste, damit aber seinen Zweck erfüllte. So könnte man sich mit der Feststellung begnügen, dass mit der kritischen Diskussion des Konzepts Historiographiegeschichte geschrieben wurde (eine „klassische Forschungskontroverse"), die Auskunft zu geben vermag, wie im geteilten Deutschland Geschichtsbilder geformt und kritisch diskutiert wurden.[103] Festzuhalten bleibt folglich:

Erstens wurde eine einseitig geistes- oder politikgeschichtlich orientierte Darstellung der Reformationsgeschichte überwunden und eine stärker sozialgeschichtliche Untersuchung relevanter Prozesse angestoßen.[104] Zweitens wurden die Wechselbeziehungen von Religion/Theologie und Gesellschaft zu einem Thema, das Historiker und Theologen stärker beschäftigte und zur Profilierung des Reformationsbildes beitrug. Drittens wurde die Konfliktforschung an gewichtigen Ereigniskomplexen wie Reformation und Bauernkrieg exemplifiziert. Viertens wurde das Nachfragen nach alternativen Gesellschaftskonzepten befördert. Die empirische Forschung war damit aber auch herausgefordert, ihre Ergebnisse wieder stärker theoretisch-konzeptionell zu verarbeiten.

Meines Erachtens besteht die Herausforderung weiter, denn der Diskussionsbedarf ist nicht ausgeschöpft.

a) zum Thema „frühe bürgerliche Revolution"

Erstens: Die Kritik an dem marxistischen Konzept führte einige Autoren zu eigenen Überlegungen. Der Historiker Winfried Schulze gab 1973 zu bedenken: „Die historische Entwicklung, die durch Reformation und Bauernkrieg ausgelöst wird, legt die Vermutung nahe, daß beide Ereignisse gemeinsam als neue Dimension eines gesamtgesellschaftlich wirksamen Konflikts zu begreifen sind, der Konsequenzen erheblicher Bedeutung zeitigt"[105], ohne dass er diese Konsequenzen genauer benennt. Peter Blickle interpretierte den Bauernkrieg 1975 als „Revolution des gemeinen Mannes"[106], während ihn Rainer Wohlfeil 1980 als „Systemkonflikt des ‚gemeinen Mannes' in Stadt und Land mit seiner Herrschaft" bezeichnete.[107] Das waren zweifellos Reaktionen auf das marxistische Konzept.

Zweitens: In einer polarisierten Gesellschaft gewannen die Aktionen Revolutionsqualität, die systemsprengend wirkten, weil die soziale, ökonomische, politische und religiös-kirchliche Ordnung oder wenigstens eine ihrer Säulen infrage gestellt wurde und irreversible Umbrüche bewirkt oder angestoßen wurden. Weiter zu prüfen wäre, welche Prozesse Anlass geben, von einem Systemkonflikt zu sprechen und welche Folgen das hatte.[108]

Drittens: Das Nebeneinander von Reformations- und Bauernkriegsforschung wurde zwar partiell überwunden, aber die Konsequenzen bisher nicht deutlich genug herausgearbeitet. Nicht zu übersehen ist zum Beispiel, dass alternative Vorstellungen von einer zukünftigen Gesellschaft sowohl egalitäre Ideen als auch Endzeiterwartungen einschlossen. Die Frage liegt folglich nahe, in welchem Verhältnis religiös motiviertes Denken und säkulares Handeln stehen.

Viertens: Der Revolutionsbegriff erlebt in den letzten Jahrzehnten eine Konjunktur, hat aber seine Konturen verloren. Mit dem Konzept einer frühen bürgerlichen Revolution war beabsichtigt, für die frühneuzeitliche Epoche eine soziale Interpretation anzubieten. Der im Englischen gebräuchliche Terminus „Early modern revolutions" legt zudem die Frage nach der Relevanz eines eigenständigen, noch nicht säkularen Typs frühneuzeitlicher Revolutionen nahe, die (fast) immer von Reformationen begleitet wurden (so im Reich, in den Niederlanden und in England).

Fünftens: Wenn die Reformation ihre Eigenart und ihren verbindenden Zusammenhang darin hat, „daß sie eine Umbruchsbewegung gegenüber dem Gesamtsystem von Religion, Kirche und religiös bestimmter Gesellschaft des Mittelalters in der Rückbesinnung auf die Norm und das Legitimationsprinzip der Hl. Schrift ist"[109], dann ist weiter zu fragen, wie tiefgreifend die Gesellschaft verändert wurde. Oder anders gefragt: Geht es um einen revolutionären Umbruch oder einen langfristigen Wandel?[110]

Es gibt offensichtlich eine Reihe von Fragen, die sich aus der von marxistischen Historikern vertretenen Reformations- und Bauernkriegsdeutung ergeben, die aber bis heute nicht schlüssig beantwortet wurden.

b) zum Thema Müntzerbild

Erstens: Rudolf Mau urteilte mit dem Blick auf die Situation um das Jahr 1989, es zeichne sich nicht nur eine Präzisierung ab, „sondern eine beträchtliche Veränderung, ja Infragestellung des bisher gewohnten Müntzer-Bildes bis in den Bereich fundamentaler Aussagen".[111] Mit anderen Worten: Gewonnene Erkenntnisse und Einsichten führten zum Umdenken. So ist es zum Beispiel nicht mehr opportun, Müntzer als Außenseiter, als Randfigur abzutun. Im Spektrum der reformatorischen Bewegungen verkörpert er nicht einen Irrweg, sondern eine Alternative.[112] Eine solche Sicht hat sich allerdings längst noch nicht durchgesetzt.

Zweitens: Diese neue Sicht wurde möglich, indem Müntzer als Prediger und Seelsorger respektiert und sein Handeln strikt aus seinen theologischen Positionen erklärt wurde. Das bedeutete für die marxistische Forschung, säkularisierende Sichten zu überwinden. Die Früchte dieses Bemühens kamen in den achtziger Jahren zum Tragen.

Drittens: Die lange Zeit anhaltende konfrontative Sicht ergab sich primär aus unterschiedlichen weltabschaulich-politischen Positionen. Erst als das Verhältnis beider deutscher Staaten sich normalisierte, wurde auch der wissenschaftliche Dialog möglich, indem der Standpunkt des jeweils anderen respektiert wurde. So wurde eine Annäherung bei verschiedenen Sachthemen möglich.

Viertens: Überwunden wurde die Auffassung, Müntzer als Sprachrohr einer bestimmten gesellschaftlichen Schicht oder gar plebejischer Kräfte zu interpretieren. Zu bedenken ist aber die Tatsache, dass sein Lebens-, Erfahrungs- und Wirkungsraum überwiegend städtische Gesellschaften waren. Die sich daraus ergebenden Konsequenzen verlangen nach einer differenzierten Antwort.

Fünftens: Beibehalten wurde offiziell bis an das Ende der DDR das Traditionsverständnis, dass hier das Erbe Müntzers umgesetzt worden sei. Insofern zeichnete sich zunehmend eine Diskrepanz zwischen Geschichtspropaganda und dem wissenschaftlich erarbeiteten Müntzerbild ab. Über diese Frage weiter zu debattieren erübrigt sich, weil sie mit dem Ende der DDR gegenstandslos geworden ist.

Sechstens: Müntzers Ort in dem vorgestellten Revolutionskonzept ist exzeptionell. Wenn von einer frühen bürgerlichen Revolution die Rede ist, kann nicht – wie auch in späteren Revolutionen – jeder Akteur in deren sozialem Spektrum verortet werden. Müntzers Denken und Handeln war auf ein Reich Gottes gerichtet. Konkret hieß das, dass Gott dafür seine Werkzeuge brauchte. Das waren nach Müntzers Vorstellung die „Auserwählten", sprich die Menschen aus dem gemeinen Volk, die zur Vollziehung des göttlichen Willens bereit waren. Was Müntzer erwartete, wurde nicht eingelöst, aber er hatte eine Idee geboren, die unabgegolten blieb. Sein Wollen belegt – im Sinn Blochs – das Noch-nicht-Sein, eine nicht realisierte Möglichkeit der Geschichte, weil die realhistorischen Bedingungen dafür noch nicht gegeben waren.[113] Das schließt ein, dass eine Gesellschaft auch heute Alternativen braucht, weil sie sonst im Pragmatismus verkommt. Visionen bieten eine Möglichkeit, den Menschen in den krisengeschüttelten Zeiten Hoffnung zu vermitteln und eine Perspektive anzuzeigen.

Siebtens: Die Müntzerforschung hat seit 2001 in der „Thomas-Müntzer-Gesellschaft e.V." eine neue Heimat gefunden, um die Forschung ohne Bindung an eine Ideologie fortzusetzen und die Ergebnisse bekannt zu machen. Das widerspiegelt sich in den bisher erschienenen Publikationen ihrer Schriftenreihe und zuletzt in zwei neuen Müntzerbiographien[114], die den gegenwärtigen Erkenntnisstand vermitteln, aber auch ein Anstoß sein können, über Müntzers Standort im historischen Prozess weiter nachzudenken.

Anmerkungen

1. Vogler 2001, S. 417–436.
2. Wohlfeil 1982, S. 44.
3. Ebenda, S. 96–113; Goertz 1994, S. 23–56.
4. Seebaß 1997, S. 386–404.
5. Vogler 2012 [c], S. 89–121.
6. Hegel 1986 [a], S. 49. Adolph Freiherr von Knigge verwandte den Terminus schon 1793 in einem Beitrag zum Thema „Ursachen, warum wir vorerst in Teutschland wohl keine gefährliche politische Haupt-Revolution zu erwarten haben" (Koselleck 1984, S. 709 Anm. 395). Vgl. dazu Kaeding 1991, S. 296f.
7. Hegel 1986 [b], S. 535. Bereits 1807 schrieb er in der „Phänomenologie des Geistes": „Mit der Reformation haben die Protestanten ihre Revolution

vollbracht" (Hegel 1949, S. 925).
8   Neumüller 1973, S. 45–105.
9   Ebenda, S. 48, 58, 66.
10 Jannsen 1879.
11 Loewenich 1958, S. 13.
12 Vgl. den Überblick bei Wohlfeil 1982, S. 44–63, 169–174.
13 Becker 1974, S. 40 u. 106.
14 Kingdon 1974, S. 60.
15 Scheible 1974, S. 133.
16 Selge 1976, S. 596.
17 Botz 1980, S. 175–189.
18 Moeller 1991, S. 10. Er spricht auch von einem „Rückzug der nichttheologischen Historiker aus der Reformationsgeschchtsschreibung", aber sie hätten sich nicht von ihr abgewendet.
19 Ebenda, S. 12.
20 Ebenda, S. 13.
21 Ebenda, S. 19.
22 Kaufmann 2007, S. 404–454. Hier heißt es, „die maßgeblichen Innovationen in der Reformationsgeschichte [traten] – ungeachtet mancher Vorzeichen – erst in den 60er Jahren weithin vernehmlich hervor: die Aufnahme sozial- und kommunikationsgeschichtlicher Fragestellungen, die profilierte Interpretation der Reformation vor dem Hintergrund der Theologie und der Frömmigkeit des späten Mittelalters und die konsequente Historisierung Luthers und der Reformation" (ebenda, S. 453).
23 Wriedt 2009, S. 524.
24 Philosophisches Wörterbuch 1975, S. 752–765.
25 Meusel 1952, S. 41. Der Terminus findet sich offenbar erstmals in einer sowjetischen Publikation von 1934 und meinte die englische und die französische Revolution. Vgl. Brendler 1996, S. 35.
26 Mühlpfordt 1953, S. 320.
27 Steinmetz 1961, S. 9–16. Vgl. dazu generell VOGLER 2012 [b], S. 59–88.
28 Hinsichtlich der Periodisierung wurde die Revolution ursprünglich mit dem Zeitraum von 1476 bis 1535 datiert, später aber auf die Jahre von 1517 bis 1525 begrenzt. Als Bedingung des Revolutionsprozesses wurde auf eine „gesamtnationale Krise" verwiesen, später war von einer „gesamtgesellschaftlichen Krise" die Rede. Wenn ursprünglich als Hauptaufgabe dieser Revolution „die Herstellung eines einheitlichen Deutschland und die Beseitigung alles dessen, was der Einheit der werdenden Nation entgegen-

stand", bezeichnet wurde, wurde später der Lösung ökonomischer und sozialer Probleme am Beginn der Übergangsepoche zu einer bürgerlich-kapitalistischen Ordnung der Vorzug gegeben. In politischer Hinsicht sei es nicht um eine grundsätzliche Veränderung der Machtverhältnisse gegangen, sondern um die Veränderung des Kräfteverhältnisses zugunsten bürgerlicher Schichten.

[29] Vgl. zum Folgenden Vogler 2012 [b], S. 67–78; Vogler 1972, S. 444–457.
[30] Moeller 1962; neue Ausgabe 2011; Hamm 1996.
[31] Vogler 2012 [a], S. 11–36.
[32] Vgl. zum Beispiel Nipperdey 1975, S. 9–37; Wohlfeil 1982, S. 63–67, 174–199; Koch 1967, S. 50–53, 191–199, 228–236; Hockerts 1979, S. 1–20; Müller 2004, 182–287; Fleischauer 2010, S. 119–132.
[33] Berbig 1990, S. 239.
[34] Blickle 1988, S. 73.
[35] Seebaß 1997, S. 396.
[36] Ebenda, S. 396–401.
[37] Zwingli und Europa 1985, S. 11–89.
[38] Die vollständigen Titel der einschlägigen Schriften vgl. in Dammaschke/ Vogler 2013.
[39] Luther 1933, S. 355.
[40] Schelhammer 1621, S 592.
[41] Hammerdörfer 1793, Vorerinnerung.
[42] Vogler 2008, S. 83–131.
[43] Boehmer 1927, S. 194.
[44] Holl 1932, S. 425.
[45] Boehmer 1927, S. 216.
[46] Friesen 1978, S. 447–480; Goertz 1978, S. 481–536; Goertz 1988; Fleischauer 2010, S. 169–215, 271–325.
[47] Junghans 1990, S. 55.
[48] Engels 1978, S. 347.
[49] Ebenda, S. 349.
[50] Ebenda, S. 351.
[51] Ebenda, S. 352.
[52] Ebenda, S. 402.
[53] Ebenda, S. 353.
[54] Ebenda, S. 348.
[55] Junghans 1990, S. 55. Claude R. Foster urteilte ähnlich: „Bisher war die DDR-Reformationsforschung in der amerikanischen Geschichtsschreibung

auf: 1. Vernachlässigung, 2. Zurückweisung, 3. Dialog gestoßen" (Foster 1980, S. 168).

[56] Hinrichs bereitete auf Anregung der Sowjetischen Militäradministration in Sachsen-Anhalt eine Edition der letzten drei Schriften Müntzers vor, die 1950 in Halle – allerdings ohne die Einleitung – erschien. Da er 1951 an die Freie Universität in Westberlin wechselte, publizierte er sie dort als selbständige Schrift.
[57] Goertz 1988, S. 30.
[58] Smirin 1956, bes. S. 5, 21, 309, 640, 646.
[59] Ebenda, S. 5f.
[60] Zschäbitz 1958, S. 48.
[61] Ebenda, S. 39.
[62] Bräuer 1989, S. 202f. Vgl. auch Lohse 1991, S. 17f.; Elkar 2012, S. 380: „Es ist nicht zu bestreiten, dass sich Wissenschaftler in der DDR früher und intensiver um Müntzer kümmerten als Historiker und Theologen in der BRD. Es steht außer Frage, dass es dabei nicht zuletzt um Geschichtspolitik ging."
[63] Junghans 1990, S. 67.
[64] LAU 1955, S. 163–170.
[65] Junghans 1990, S. 67f.
[66] Steinmetz 1961, S. 7–16, bes. S. 13f.
[67] Ebenda, S. 15.
[68] Ebenda, S. 16.
[69] Ebenda.
[70] Bensing 1965. Die 4., überarbeite Aufl. von 1989 blieb allerdings hinter dem inzwischen erreichten Erkenntnisstand zurück.
[71] Ebenda, S. 92.
[72] Bensing 1966, S. 249.
[73] Lohse 1991, S. 5.
[74] Elliger 1975 [a].
[75] Haendler 1999, S. 34f.
[76] Bensing 1980, S. 219.
[77] Bräuer 1989, S. 202.
[78] Elliger 1975 [a], S. 2.
[79] So der Titel einer Kurzfassung, ELLIGER 1975 [b].
[80] Bräuer 1989, S. 202.
[81] Thomas Münzer 1977, mit Beiträgen von Joachim Rogge, Rudolf Mau, Wolfgang Ullmann u. Siegfried Bräuer.

[82] Mau 1990, S. 74f. Vgl. auch Mau 2002, S. 195–199.
[83] Blickle 2016, S. 41.
[84] Laube/Steinmetz/Vogler 1974; Laube/Vogler u. a. 1983.
[85] Orientierungshilfe 1987, S. 92–94.
[86] Ebenda, S. 92.
[87] Ebenda.
[88] Thesen 1988, S. 5.
[89] Mau 1990, S. 70.
[90] Dialog 2011.
[91] Steinmetz 1988.
[92] Brendler 1989, S. 7.
[93] Vogler 1989, S. 9.
[94] Mau 1990, S. 66.
[95] Bräuer 1997, S. 215.
[96] Blickle 2011, S. S. 152.
[97] Müller 2004, S. 282.
[98] Schorn-Schütte 2006, S. 100. An anderer Stelle urteilt sie: „Die Kontroversen zwischen marxistischer und nichtmarxistischer Reformationsgeschichtsschreibung wurden seit den 60er Jahren des 20. Jahrhunderts mit wachsender Intensität geführt; das Lutherjubiläum um 1983 hat manches zur Entzerrung der Debatten beigetragen. Nach der Wende 1989 löste sich die Konfrontation auf, weil der Charakter der ‚frühbürgerlichen Revolution' als geschichtspolitisch motivierte Konstruktion offensichtlich war. Seitdem orientiert sich die Reformationsgeschichtsschreibung neu, der innereuropäische Vergleich steht im Mittelpunkt" (Schorn-Schütte 2009, S. 185 Anm. 5).
[99] Seebaß 1997, S. 397.
[100] Schilling 1995, S. 28f.
[101] Blickle 1993, S. 287.
[102] Blickle 2011, S. 152.
[103] Vgl. zum Beispiel Elkar 1990: „Es kann sicherlich zugegeben werden, daß die These von der frühbürgerlichen Revolution auch für die Geschichtswissenschaft in der Bundesrepublik Deutschland einen nützlichen und wünschenswerten katalytischen Effekt ausübte, der zu notwendigen sozial- und wirtschaftsgeschichtlichen Absicherungen der Reformationsforschung führte." Entstanden sei ein deutsch-deutscher Wissenschaftsdiskurs, „der sich in anderen Bereichen der Historiographie erst später, spärlicher oder mit geringerer dialektischer Dynamik entwickelte."

[104] Wenn man die lang währende Entwicklung der Austauschs zwischen Ost und West überblicke, dann falle auf, „dass grundsätzliche Kontroverspositionen zwar blieben, die sich aber als forschungsförderlich erweisen sollten, zu Korrekturen und vertieften Einsichten auf beiden Seiten führten und sogar Annäherungen bewirkten" (Elkar 2012, S. 381).
[105] Schulze 1973, S. 267.
[106] Blickle 1975. Seit der 3. Aufl. von 1993 schließt die Darstellung mit dem Kapitel „Die Revolution des gemeinen Mannes im Forschungsdiskurs (S. 279–320).
[107] Wohlfeil 1980, S. 101.
[108] Wenn Volker Leppin den Terminus Transformation bevorzugt, schließt das für ihn den Systemwechsel ein. Vgl. Leppin 2012, S. 132–134.
[109] Hamm 1995, S. 66. Vgl. auch Seebaß 2007, S. 21–32, bes. S. 29–30.
[110] So Schilling 1995, S. 26–40; Schilling 1998, S. 13–34.
[111] Mau 1990, S. 70.
[112] Vogler 2012 [d], S. 11–36.
[113] Schulze 1977, S. 211.
[114] Goertz 2015; Bräuer/Vogler 2016.

Zitierte Literatur

BECKER, WINFRIED 1974: *Reformation und Revolution*, Münster.
BENSING, MANFRED 1965: *Thomas Müntzer*, Leipzig.
– 1966: *Thomas Müntzer und der Thüringer Aufstand 1525*, Berlin.
– 1980: *Von einem, der auszog, die Marxisten mit Thomas Müntzer zu schlagen*. – In: *Reform, Reformation, Revolution*. Hg. von SIEGFRIED HOYER, Leipzig, S. 218–223.
BERBIG, HANS-JOACHIM 1990: *Thomas Müntzer aus marxistischer Sicht*. – In: *Geschichtswissenschaft in der DDR*, Bd. 2. Hg. von ALEXANDER FISCHER u. GÜNTHER HEYDEMANN, Berlin, S. 235–264.
BLICKLE, PETER 1975: *Die Revolution von 1525*, München/Wien; 3. erw. Aufl. 1993; 4. durchges. Aufl. 2004.
– 1988: *Unruhen in der ständischen Gesellschaft 1300–1800*, München.
– 2011: *Der Bauernkrieg als Revolution des gemeinen Mannes*. – In: *Radikalität. Religion, politische und künstlerische Radikalismen in Geschichte und Gegenwart*, Bd 1. Hg. von RENÉ BRUGGER u. KRISTIN LANGOS, Würzburg, S. 149–160.
– 2016: *Revolten in Europa 1200–1800*. – In: *Armed Memory. Agency and*

Peasants Revolts in Central and Southern Europe (1450–1700). Hg. von HERMAN J. SELDERHUIS, Göttingen, S. 41–57.

BOEHMER, HEINRICH 1927: *Thomas Münzer und das jüngste Deutschland.* – In: Ders., *Gesammelte Aufsätze*, Gotha, S. 187–222.

BOTZ, GERHARD 1980: *Ansätze zu sozialwissenschaftlichen Revolutionstheorien.* – In: *Revolution und Gesellschaft. Zur Entwicklung des neuzeitlichen Revolutionsbegriffs.* Hg. von HELMUT REINALTER, Innsbruck, S. 175–189.

BRÄUER, HELMUT 1997: *Aufruhr in der Stadt. Chemnitzer Miniaturen aus der Reformations- und Bauernkriegszeit*, Beucha.

BRÄUER, SIEGFRIED 1989: *Müntzer war unter uns. Zum Müntzerverständnis in der evangelischen Theologie.* – In: *Zeichen der Zeit* 43, S. 200–206.

BRÄUER, SIEGFRIED/VOGLER, GÜNTER 2016: *Thomas Müntzer. Neu Ordnung machen in der Welt. Eine Biographie*, Gütersloh.

BRENDLER, GERHARD 1989: *Thomas Müntzer. Geist und Schwert*, Berlin.

– 1996: *Luther im Traditionskonflikt der DDR.* – In: *Luther und die DDR. Der Reformator und das DDR-Fernsehen 1983.* Hg. von HORST DÄHN u. JOACHIM HEISE, Berlin.

BUBENHEIMER, ULRICH 1989: *Thomas Müntzer. Herkunft und Bildung*, Leiden.

DAMMASCHKE, MARION/VOGLER, GÜNTER 2013: *Thomas-Müntzer-Bibliographie (1519–2012)*, Baden-Baden/Bouxwiller.

Der Theologe Thomas Müntzer 1989: *Untersuchungen zu seiner Entwicklung und Lehre.* Hg. von SIEGFRIED BRÄUER u. HELMAR JUNGHANS, Berlin.

Dialog über Luther und Müntzer 2011: *Zwanzig Expertengespräche zwischen kirchlichen und marxistischen Reformationshistorikern der DDR (1981–1990). Eine Dokumentation.* Hg. von JOACHIM HEISE u. CHRISTA STRACHE, Berlin.

ELKAR, RAINER 1990: *Regionalgeschichte und Frühneuzeitforschung im Verhältnis beider deutscher Staaten. Divergenzen – Parallelen – Perspektiven.* – In: *Geschichtswissenschaft in der DDR*, Bd. 2. Hg. von ALEXANDER FISCHER u. GÜNTHER HEYDEMANN, Berlin, S. 265–312.

– 2012: *Thomas Münzer. Oder: Die Verlassenschaft der Utopie.* – In: *Idee – Macht – Utopie.* Hg. von BERNHARD SCHREYER u. RALF WALKENHAUS, Würzburg, S. 367–389.

ELLIGER, WALTER 1975 [a]: *Thomas Müntzer. Leben und Werk*, Göttingen; 3. Aufl. 1976.

– 1975 [b]: *Außenseiter der Reformation: Thomas Müntzer. Ein Knecht Gottes,* Göttingen.

ENGELS, FRIEDRICH 1978 [1850]: *Der deutsche Bauernkrieg.* – In: *Marx-Engels-Werke.* Bd. 7, Berlin, S. 327–413.

FLEISCHAUER, ALEXANDER 2010: *Die Enkel fechten's besser aus. Thomas. Müntzer und die Frühbürgerliche Revolution – Geschichtspolitik und Erinnerungskultur in der DDR*, Münster.

FOSTER, CLAUDE R. 1980: *DDR-Reformationsforschung in der Sicht der amerikanischen Geschichtsschreibung – ein Überblick.* – In: *Reform, Reformation, Revolution.* Hg. von SIEGFRIED HOYER, Leipzig, S. 167–175.

FRIESEN, ABRAHAM 1978: *Die ältere und die marxistische Müntzerforschung.* – In: *Thomas Müntzer.* Hg. von ABRAHAM FRIESEN u. HANS-JÜRGEN GOERTZ, Darmstadt, S. 447–480.

– 1990: *Thomas Müntzer, a Destroyer of the Godless. Making of a Sixteenth Century Religious Revolutionary*, Berkeley.

GOERTZ, HANS-JÜRGEN 1978: *Schwerpunkte der neueren Müntzerforschung.* – In: *Thomas Müntzer.* Hg. von ABRAHAM FRIESEN u. HANS-JÜRGEN GOERTZ, Darmstadt, S. 481–536.

– 1988: *Das Bild Thomas Müntzers in Ost und West*, Hannover.

– 1989: *Thomas Müntzer. Mystiker, Apokalyptiker, Revolutionär*, München.

– 1994: *Eine „bewegte Epoche". Zur Heterogenität reformatorischer Bewegungen.* – In: *Wegscheiden der Reformation. Alternatives Denken vom 16. bis zum 18. Jahrhundert.* Hg. von GÜNTER VOGLER, Weimar, S. 23–56.

– 2015: *Thomas Müntzer. Revolutionär am Ende der Zeiten*, München.

GRITSCH, ERIC W. 1989: *Thomas Müntzer. A Tragedy of Errors*, Minneapolis.

HAENDLER, GERT 1999: *Kirchengeschichte – erlebt und dargestellt.* – In: *Kirchengeschichte als Autobiographie*, Bd. 1. Hg. von DIETRICH MEYER, Köln, S. 25–75.

HAMM, BERNDT 1995: *Einheit und Vielfalt der Reformation – oder: Was die Reformation zur Reformation machte.* – In: HAMM, BERND/MOELLER, BERND/WENDEBOURG, DOROTHEA: *Reformationstheorien. Ein kirchenhistorischer Disput über Einheit und Vielfalt der Reformation*, Göttingen, S. 57–127.

– 1996: *Bürgertum und Glaube. Konturen der städtischen Reformation*, Göttingen.

HAMMERDÖRFER, KARL TRAUGOTT 1793: *Geschichte der lutherischen Reformation und des deutschen Krieges. Nach den ersten Quellen freymüthig bearbeitet*, Leipzig.

HEGEL, GEORG WILHELM FRIEDRICH 1949 [1807]: *Phänomenologie des Geis-*

tes. Hg. von JOHANNES HOFFMEISTER, 5. Aufl., Leipzig.
- 1986 [a] [1836]: *Vorlesungen über die Geschichte der Philosophie III.* – In: Ders., *Werke*, Bd. 20, Frankfurt am Main.
- 1986 [b] [1837]: *Vorlesungen über die Philosophie der Geschichte.* – In: Ders., *Werke*. Bd. 12, Frankfurt am Main.

HOCKERTS, HANS GÜNTER 1979: *Der Bauernkrieg 1525 – frühbürgerliche Revolution, defensive Bauernerhebung oder Revolution des ‚gemeinen Mannes'?* – In: *Geschichte in Wissenschaft und Unterricht* 30, S. 1–20.

HOLL, KARL 1932 [1921]: *Luther und die Schwärmer.* – In: Ders., *Gesammelte Aufsätze zur Kirchengeschichte.* Bd. 1, 6. Aufl, Tübingen , S. 420–467.

JANSSEN, JOHANNES 1879: *Geschichte des deutschen Volkes seit dem Ausgang des Mittelalters*, Bd. 2, Freiburg im Breisgau.

JUNGHANS, HELMAR 1990: *Der Wandel des Müntzerbildes in der DDR von 1951/52 bis 1989.* – In: *Thomas Müntzer. Ein streitbarer Theologe zwischen Mystik und Revolution.* Herrenalber Protokolle Bd. 68, Karlsruhe; Nachdruck: *Luther. Zeitschrift der Luther-Gesellschaft* 60, S. 102–130.

KAEDING, PETER 1991: *Adolph von Knigge. Begegnungen mit einem freien Herrn,* Berlin.

KAUFMANN, THOMAS 2007: *Evangelische Reformationsgeschichtsschreibung nach 1945.* – In: *Zeitschrift für Theologie und Kirche* 104, S. S. 404–454.

KINGDON, ROBERT M. 1974: *Was the Protestant Reformation a Revolution? The Case of Geneva.* – In: Ders., *Transition and Revolution. Problems and Issues of European Renaissance and Reformation History*, Minneapolis, S. 53–107.

KOCH, HANS-GERHARD 1967: *Luthers Reformation in kommunistischer Sicht*, Stuttgart.

KOSELLECK, REINHART 1984: *Revolution, Rebellion, Aufruhr, Bürgerkrieg.* – In: *Geschichtliche Grundbegriffe. Historisches Lexikon zur politisch-sozialen Sprache in Deutschland.* Bd. 5, Stuttgart, S. 653–788.

LAU, FRANZ 1955: *Die prophetische Apokalyptik Thomas Müntzers und Luthers Absage an die Bauernrevolution.* – In: *Beiträge zur historischen und systematischen Theologie. Gedenkschrift für Werner Elert.* Hg. von FRIEDRICH HÜBNER, Berlin, S. 163–170. Nachdruck in: *Thomas Müntzer.* Hg. von ABRAHAM FRIESEN u. HANS-JÜRGEN GOERTZ, Darmstadt 1978, S. 3–15.

LAUBE, ADOLF/STEINMETZ, MAX/VOGLER, GÜNTER 1974: *Illustrierte Geschichte der deutschen frühbürgerlichen Revolution*, Berlin; 2. Aufl. 1982.

LAUBE, ADOLF/VOGLER GÜNTER u. a. 1983: *Deutsche Geschichte*. Bd. 3: *Die Epoche des Übergangs vom Feudalismus zum Kapitalismus von den achtziger Jahren des 15. Jahrhunderts bis 1789*, Berlin; 2. Aufl. 1989.

LEPPIN, VOLKER 2012: *Religiöse Transformation im alten Europa. Zum historischen Ort der Reformation*. – In: *Alteuropa – Vormoderne – neue Zeit. Dynamiken der europäischen Geschichte (1200–1800)*. Hg. von CHRISTIAN JASER, Berlin, S. 132–134.

LOEWENICH, WALTHER VON 1958: *Reformation oder Revolution*. – In: *Festgabe Joseph Lortz*. Hg. von ERWIN ISERLOH. Bd. 1: *Reformation – Schicksal und Auftrag*, Baden-Baden, S. 5–13.

LOHSE, BERNHARD 1991: *Thomas Müntzer in neuer Sicht. Müntzer im Licht der neueren Forschung und die Frage nach dem Ansatz seiner Theologie*, Hamburg.

LUTHER, MARTIN 1933 [1528]: *Brief an Georg Spalatin, 24. Januar 1528*. – In: WABr Bd. 4, S. 355.

MAU, RUDOLF 1990: *Rollentausch bei der Müntzerrezeption? Zum Müntzerverständnis im Gedenkjahr 1989*. – In: *Berliner Theologische Zeitschrift* 7, S. 66–77.

– 2002: *Kirchengeschichte – eine Disziplin des Fragens nach der Wahrheit*. – In: *Kirchengeschichte als Autobiographie*, Bd. 2. Hg. von DIETRICH MEYER, Köln, S. 195–199.

MEUSEL, ALFRED 1952: *Thomas Müntzer und seine Zeit*, Berlin.

MOELLER, BERND 1962: *Reichsstadt und Reformation*, Gütersloh; bearb. Neuausg. Berlin 1987; neue Ausgabe Tübingen 2011.

– 1991 [1965]: *Probleme der Reformationsgeschichtsforschung*. – In: Ders., *Die Reformation und das Mittelalter. Kirchenhistorische Aufsätze*. Hg. von JOHANNES SCHILLING, Göttingen, S. 9–20.

MÜHLPFORDT, GÜNTER 1953: *Thomas Müntzer und seine Zeit. Ein Buch über die Reformationszeit*. – In: *Natur und Heimat*, S. 320.

MÜLLER, LAURENZ 2004: *Diktatur und Revolution. Reformation und Bauernkrieg in der Geschichtsschreibung des ‚Dritten Reiches' und der DDR*, Stuttgart.

NEUMÜLLER, MICHAEL 1973: *Liberalismus und Revolution. Das Problem der Revolution in der deutschen liberalen Geschichtsschreibung des 19. Jahrhunderts*, Düsseldorf.

NIPPERDEY, THOMAS 1975 [1967]: *Die Reformation als Problem der marxistischen Geschichtswissenschaft*. – In: Ders., *Reformation, Revolution, Utopie*, Göttingen, S. 9–37.

Orientierungshilfe 1987: Orientierungshilfe zum Gedenken des 500. Geburtstages von Thomas Müntzer im Jahre 1989. Hg. von der Arbeitsgruppe ‚Thomas-Müntzer-Gedenken 1989' des Bundes der Evangelischen Kirchen in der DDR. – In: Amtsblatt für die evangelische Kirche der Kirchenprovinz Sachsen, S. 92–94.

Philosophisches Wörterbuch 1975: Hg. von GEORG KLAUS u. MANFRED BUHR. Bd. 2, Leipzig.

SCHEIBLE, HEINZ 1974: *Reform, Reformation, Revolution. Grundsätze zur Beurteilung der Flugschriften*. – In: *Archiv für Reformationsgeschichte* 65, S. 108–133.

SCHELHAMMER, JOHANN 1621: *Widerlegung Der vermeynten Postill Valentini Weigelij*, Hamburg/Leipzig.

SCHILLING, HEINZ 1995: *Die Reformation – ein revolutionärer Umbruch oder Hauptetappe eines langfristigen reformierenden Wandels?* – In: *Konflikt und Reform. Festschrift für Helmut Berding*. Hg. von WINFRIED SPEITKAMP u. HANS-PETER ULLMANN, Göttingen, S. 26–40.

– 1998: *Reformation – Umbruch oder Gipfelpunkt eines Temps des Reformes?* – In: *Die frühe Reformation in Deutschland als Umbruch*. Hg. von BERND MOELLER, Gütersloh, S. 13–34.

SCHORN-SCHÜTTE, LUISE 2006: *Die Reformation. Vorgeschichte – Verlauf – Wirkung*. 4. aktual Aufl., München.

– 2009: *Geschichte Europas in der Frühen Neuzeit. Studienbuch 1500–1789*, Paderborn.

SCHULZE, WINFRIED 1973: *‚Reformation oder frühbürgerliche Revolution'. Überlegungen zum Modellfall einer Forschungskontroverse*. – In: *Jahrbuch für Geschichte Mittel- und Ostdeutschlands* 22, S. 753–769.

– 1977: *Unterschiede und Gemeinsamkeiten zwischen marxistischer und nichtmarxistischer Müntzerforschung*. – In: *Objektivität und Parteilichkeit in der Geschichtswissenschaft*. Hg. von REINHART KOSELLECK, WOLFGANG J. MOMMSEN u. JÖRN RÜSEN, München, S. 199–211.

SCOTT, TOM 1989: *Thomas Müntzer. Theology and Revolution in the German Reformation*, Houndmills.

SEEBASS, GOTTFRIED 1997: *Reformation*. – In: *Theologische Realenzyklopädie* Bd. 28, Berlin/NewYork, S. 386–404.

– 2007: *Die Reformation als Epoche*. – In: *Wege der Neuzeit. Festschrift für Heinz Schilling zum 65. Geburtstag*. Hg. von STEFAN EHRENPREIS, UTE LOTZ-HEUMANN, OLAF MÖRKE u. LUISE SCHORN-SCHÜTTE, Berlin, S. 21–32.

SELGE, KURT-VICTOR 1976: *Das Autoritätengefüge der westlichen Christenheit im Lutherkonflikt 1517–1521.* – In: *Historische Zeitschrift* 223, S. 591–617.
SMIRIN, M. M. 1956: *Die Volksreformation des Thomas Münzer und der große Bauernkrieg.* 2. verbess. u. erg. Aufl., Berlin.
STEINMETZ, MAX 1961: *Die frühbürgerliche Revolution in Deutschland (1476–1535). Thesen.* – In: *Die frühbürgerliche Revolution in Deutschland.* Redaktionsleitung Gerhard Brendler, Berlin, S. 7–16.
– 1988: *Thomas Müntzers Weg nach Allstedt. Eine Studie zu seiner Frühentwicklung,* Berlin.
Thesen 1988: Thesen über Thomas Müntzer. Zum 500. Geburtstag, Berlin.
THOMAS MÜNTZER 1977: *Anfragen an Theologie und Kirche.* Hg. im Auftrag des Sekretariats des Bundes der Evangelischen Kirchen in der DDR von CHRISTOPH DEMKE, Berlin.
VOGLER, GÜNTER 1972: *Friedrich Engels zur internationalen Stellung der deutschen frühbürgerlichen Revolution.* – In: *Zeitschrift für Geschichtswissenschaft* 20, S. 444–457.
– 1989: *Thomas Müntzer,* Berlin.
– 2001: *Luther oder Müntzer? Die Rolle frühneuzeitlicher Gestalten für die Identitätsfindung der DDR.* – In: *Geschichtsbilder und Gründungsmythen.* Hg. von HANS-JOACHIM GEHRKE, Würzburg, S. 417–436.
– 2008: *„Noch gehet sein Geist um in Europas Gauen". Wilhelm Zimmermanns Thomas-Müntzer-Bild und die Rezeptionsgeschichte.* – In: *Bauernkrieg und Revolution. Wilhelm Zimmermann. Ein Radikaler aus Stuttgart.* Hg. von ROLAND MÜLLER und ANTON SCHINDLING, Hohenheim, S. 83–131.
– 2012 [a] [1986]: *Einheit und Vielfalt im Prozess des Übergangs vom Feudalismus zum Kapitalismus – Probleme und Perspektiven der Forschung* – In: Ders., *Signaturen einer Epoche. Beiträge zur Geschichte der frühen Neuzeit.* Hg. von MARION DAMMASCHKE, Berlin, S. 11–36.
– 2012 [b] [2001]: *Das Konzept ‚deutsche frühbürgerliche Revolution'. Genese – Aspekte – kritische Bilanz.* – In: Ders., *Signaturen einer Epoche. Beiträge zur Geschichte der frühen Neuzeit.* Hg. von MARION DAMMASCHKE, Berlin, S. 59–88.
– 2012 [c] [2007]: *Revolte oder Revolution? Anmerkungen und Fragen zum Revolutionsproblem in der frühen Neuzeit.* – In: Ders., *Signaturen einer Epoche. Beiträge zur Geschichte der frühen Neuzeit.* Hg. von MARION DAMMASCHKE, Berlin, S. 89–121.
– 2012 [d] : *Thomas Müntzer – Irrweg oder Alternative? Plädoyer für eine*

andere Sicht. – In: *Archiv für Reformationsgeschichte* 103, S. 11–40.

WOHLFEIL, RAINER 1980: *Reformation in sozialgeschichtlicher Betrachtungsweise.* – In: *Reform, Reformation, Revolution.* Hg. von SIEGFRIED HOYER, Leipzig, S. 95–104.

– 1982: *Einführung in die Geschichte der deutschen Reformation*, München.

WRIEDT, MARKUS 2009: *Die Reformation als Ereignis im Wechsel der Epochen.* – In: *Kommunikation über Grenzen.* Hg. von FRIEDRICH SCHWEITZER, Gütersloh, S. 514–532.

ZSCHÄBITZ, GERHARD 1958: *Zur mitteldeutschen Wiedertäuferbewegung nach dem großen Bauernkrieg*, Berlin.

Zwingli und Europa 1985: Hg. von PETER BLICKLE, ANDREAS LINDT u. ALFRED SCHINDLER, Zürich.

ULRICH BUBENHEIMER

Existenz zwischen Einheitsanspruch und religiösem Pluralismus in der Reformationszeit – Individuelle religiöse Orientierung am Beispiel des Klerikers und Notars Andreas Gronewalt in Halberstadt und Halle

1. Einführung

Der Bischof der Diözese Brandenburg, Hieronymus Schulz (gest. 1522), stellte am 10. Februar 1520 in seiner Residenz Schloss Ziesar eine Urkunde aus[1], die uns mitten in die Ablasspraxis jener Zeit führt, welche den Kampf für und wider die Reformation der römischen Kirche ausgelöst hat. Kardinal Albrecht von Brandenburg (gest. 1546), Erzbischof von Mainz und zugleich Erzbischof von Magdeburg und Administrator (Verwalter) des Bischofsstuhls von Halberstadt, dem Martin Luther am 31. Oktober 1517 seine 95 Thesen über „die Kraft der Ablässe" zugeschickt hatte[2], hatte als Erzbischof von Magdeburg erfolgreich um die päpstliche Zustimmung zu der von ihm betriebenen Errichtung des sogenannten Neuen Stifts in Halle und um die Verleihung eines ungewöhnlich umfassenden Ablassprivilegs für seine in diesem Stift auszustellende große Reliquiensammlung nachgesucht. Die vom 13. April 1519 datierte päpstliche Errichtungsbulle für das Stift, mit der Papst Leo X. (1513–1521) dem Stift zugleich das erbetene Ablassprivileg gewährte, trat erst in Kraft, nachdem der Brandenburger Bischof Hieronymus Schulz, den der Papst als einer der Exekutoren des Neuen Stifts bestellt hatte, die Papstbulle nach den Regularien jener Zeit mit seiner eingangs genannten Urkunde vom 10. Februar 1520 publiziert und darin deren Echtheit bestätigt hatte.[3] Diese Urkunde des Bischofs Schulz ist von zwei Notaren beglaubigt und mit deren Notarszeichen versehen.

Abb. 1: Notarzeichen von Joachim Cassel und Andreas Gronewalt, 1520 Landeshauptarchiv Sachsen-Anhalt, Abt. Magdeburg: U 4a Domstift Halle Nr. 9.

An erster Stelle beglaubigte Joachim Cassel (gest. 1562/63), der als Notar für den Brandenburger Bischof tätig war.[4] Die zweite Beglaubigung, versehen mit dem „S[ignum] Andree Gronewalt Not[a]r[ii]" („Zeichen des Notars Andreas Gronewalt"), erfolgte durch den von Kardinal Albrecht nach Ziesar geschickten Notar Andreas Gronewalt.[5]

Wir begegnen hier der Person Andreas Gronewalts[6], der in seiner Zeit kein Aufsehen erregte und daher in der Geschichtsschreibung untergegangen war, obwohl sich auch nach 500 Jahren noch erstaunlich viele Quellen von ihm und über ihn erschließen lassen. Er hatte sich nach meinem gegenwärtigen Forschungsstand in seiner Zeit weder für die reformatorische noch für die gegenreformatorische Partei in der Öffentlichkeit profiliert. Er gehörte zudem zu einer sozialen Gruppe, deren Mitglieder sich keinem Alleingeltungsanspruch einer der Religionsparteien unterordneten, sondern selbstständig ihren jeweils eigenen Weg zwischen den verfeindeten Parteien suchten. Für solche Personen hatten weder die Wortführer der protestantischen Kirchen noch die der römischen Kirche, die jeweils linientreue Gefolgschaft verlangten, viel übrig. Gronewalt wähle ich hier als Beispiel für jenen auch in der Forschung wenig beachteten Personenkreis, da wir von Gronewalt einen seltenen Quellenschatz besitzen, nämlich den Großteil seiner Bibliothek, wenn auch in eine Reihe von Bibliotheken zerstreut und durch Verluste dezimiert. Der besondere Quellenwert dieser Bibliothek liegt darin, dass Gronewalts Stellung zu den Ereignissen und Auseinandersetzungen jener Zeit in seinen reichen Buchnotizen gut dokumentiert ist. Diese Notizen enthalten zudem auch biographische Daten. Auf dem Papier, mitunter auch auf den Einbänden seiner Bücher stellte Gronewalt sich in seinen Tausenden von Notizen dar, gelegentlich darin auch Zwiesprache mit dem einen oder anderen Autor haltend, ihm Beifall zollend oder ihn ermahnend. Manchmal tat er seine Beziehung zu dem Gelesenen auch in Zeichnungen oder Kolorierungen kund. Einige Personen bekamen gelegentlich auch zu Gronewalts Lebzeiten etwas von dessen Notizen zu Gesicht, da er an Leute, denen er vertraute, gelegentlich auch Bücher auslieh, wie zum Beispiel an Philipp Melanchthon, den Humanisten an Luthers Seite, der in drei Büchern Gronewalts seine Notizen hinterließ.[7]

Ich werde im Folgenden zunächst auf Gronewalts Biographie und seine berufliche Tätigkeit als Notar und anschließend auf seine Rolle zwischen den sich formierenden Konfessionsparteien eingehen.

2. Der Priester und Notar Andreas Gronewalt in Halberstadt und Halle

Andreas Gronewalt wurde vermutlich etwas vor 1480 geboren. Im Sommersemester 1493 wurde er an der Universität Erfurt immatrikuliert.[8] Danach begegnet er uns erst wieder 1508 in seinem viele Jahre ausgeübten Beruf als Notar, als der er im Augustinerchorherrenstift Neuwerk vor Halle ein Urteil des Stiftspropstes beglaubigte.[9] Gronewalt war öffentlicher Notar, legitimiert sowohl durch kaiserliches als auch durch päpstliches Privileg.

Für Gronewalts religiöse Entwicklung war sicher von großem Gewicht, dass er zeitweise für hochrangige kirchliche Amtsträger gearbeitet hatte, denen er sich als loyaler Diener verpflichtet sah, und dass er seinem Stande nach Kleriker war. In dem erwähnten ersten bekannten Notariatsinstrument

Gronewalts, im Hallenser Stift Neuwerk im Dezember 1508 beurkundet, gibt Gronewalt als seinen Stand „Prister zu Halberstadt" an.[10] Demnach dürfte er damals schon eine Priesterpfründe in Halberstadt gehabt haben. Diese Pfründe konnte er offensichtlich auch in Abwesenheit genießen, um an anderem Ort seinen Verpflichtungen als Notar nachgehen zu können. Diese Einschätzung wird durch eine Leipziger Urkunde vom 1. Mai 1514 über einen Zinskauf Gronewalts unterstützt. Hier ist von Andreas Gronewalt „zu Halle", Vikar der Domkirche zu Halberstadt, die Rede.[11] Von 1508 bis 1528 begegnet uns Gronewalt so oft in Halle und in Verbindung mit Hallenser Personen, dass angenommen werden kann, dass er einen zweiten Wohnsitz in Halle hatte.

In Halle war Gronewalt sowohl im Augustinerchorherrenstift Neuwerk, dem damals reichsten Stift der Diözese Magdeburg, als auch für zwei Erzbischöfe von Magdeburg tätig, die in jener Zeit die Residenz in Halle gegenüber Magdeburg bevorzugten: für Ernst von Sachsen (gest. 1513), und für dessen Nachfolger Albrecht von Brandenburg, der 1514 zugleich Erzbischof von Mainz wurde – der Kardinal, den Luther ab 1521 als eine Hassfigur der römischen Kirche bekämpfte. Gronewalts Tätigkeit für Ernst von Sachsen ist erstmals belegt in Magdeburg am 24. Oktober 1509.[12] Kurz darauf, im Wintersemester 1509/10, ließ sich Gronewalt an der Universität Wittenberg immatrikulieren[13], die Erzbischof Ernsts Bruder, Kurfürst Friedrich der Weise von Sachsen, sieben Jahre zuvor gegründet hatte. Ob sich Gronewalt damals länger in Wittenberg aufgehalten hat, ist unbekannt. Seine Kontakte zur Universität Wittenberg sollten später in seinem Leben noch eine wichtige Rolle spielen.

Das nächste bekannte Lebensdatum Gronewalts ist seine Beglaubigung einer Urkunde im Stift Neuwerk vor Halle am 12. November 1513.[14] Zu diesem Stift hatte Gronewalt engere, sowohl beruflich bedingte als auch freundschaftliche Beziehungen. Die späteste Notiz, die auf einen Aufenthalt Gronewalts in Halle hinweist, ist seine Notiz am Rande einer Rede des griechischen Kirchenvaters Basilius von Caesarea (gest. 379):

> „Virtus post funera viuit; Epitaphium Reuerendissimi Archiep[iscopi] Alberti Magd[eburgensis] Hallis in tumba ipsius et imagine in ere fusum".[15]
> „Tugend überlebt das Begräbnis. Epitaph des Ehrwürdigsten Erzbischofs Albrecht von Magdeburg, das sich in Halle auf seiner Begräbnisstätte und auf dem in Erz gegossenen Bild befindet."

Die von Gronewalt notierte Inschrift „VIVIT POST FVNERA VIRTVS" befand sich auf einer steinernen, 1528 nach Halle gelieferten Grabplatte Albrechts. Demnach konnte Gronewalt die Inschrift der Steinplatte bei oder im Anschluss an einen Aufenthalt in Halle 1528 oder einige Zeit später notiert haben. Ab 1531 liegen für Gronewalt nur noch biographische Daten aus Halberstadt vor, wo er in dieser Zeit als Vikar am Liebfrauenstift (Marienkirche) belegt ist.

Etwas von der Mentalität des jungen Gronewalt erfahren wir von den Wahlsprüchen, die er verschiedentlich in seine Bücher eingetragen hat. Auf das letzte Blatt eines Straßburger Druckes von 1507 schrieb Gronewalt: „Viue vale gaude Andreeque faueto" („Lebe, lasse es dir gut gehen, sei froh und sei Andreas gewogen".[16]

Abb. 2: Ein Motto Gronewalts mit seinem vereinfachten Zeichen. MKB Goslar: 358, 5, Bl. F 4r.

Durch Hinzufügung seines persönlichen Zeichens – drei Eichenzweige – unterstrich Andreas seine persönliche Identifikation mit diesem lebensoptimistischen Satz. Mehrfach zitiert Gronewalt in seinen Büchern den Spruch: „Uvas carpe: Spinas cave" („Pflücke die Trauben, die Dornen meide!").[17] Im Sinne dieses Wahlspruchs hat er später die reformatorische und gegenreformatorische Literatur mit selbstständigem Urteil für sich ausgewertet. Um über Gronewalts religiöse Orientierung und Entwicklung, die im Laufe seines Lebens nicht einlinig verlaufen ist, nähere Aufschlüsse zu gewinnen, müssen wir uns mit seinen Büchern und mit der Geschichte seiner Bibliothek als ganzer beschäftigen.

3. Gronewalts Bibliothek

Gronewalt hat im Lauf seines Lebens eine Bibliothek aufgebaut, die an Umfang für Menschen seines Standes in jener Zeit ungewöhnlich war. Seine Bibliothek war fachlich breit gestreut. Die Literatur der Artes – sogenannte Sieben Freie Künste, die Philosophie einschießend, humanistisches Schrifttum, weltliches und kanonisches Recht, kirchliche Praxis, Theologie und Erbauungsliteratur, Medizin und anderes sind vertreten. In Gronewalts Querverweisen, in denen er häufig von einem Druck, den er gerade bearbeitete, auf andere Drucke in seiner Bibliothek verweist, gibt es Hinweise, dass er auch künstlerische Druckerzeugnisse hatte, doch ist davon bislang nichts aufgefunden worden. Gronewalts religiöses und theologisches Schrifttum war im Blick auf den Standort der Autoren sehr gemischt, gewissermaßen „multikonfessionell". Neben der vorreformatorischen scholastischen Literatur finden sich aus der Reformationszeit sowohl die protestantische als auch die katholische kontroverstheologische Literatur, aber auch die Schriften der Vertreter anderer Richtungen – z. B. Karlstadt, Müntzer, Täufer und andere.

Wenngleich Gronewalt spätestens ab seiner Erfurter Studienzeit Bücher erworben haben wird, ist der erste Bucherwerb, zu dem Gronewalt das Datum festgehalten hat, im Jahr 1508 erfolgt. Seine Bibliothek war schließlich so groß, dass er sie mit Hilfe eines Signaturensystems geordnet hat. Von Gronewalts Bibliothek sind allein in die Marktkirchenbibliothek Goslar um 280 Bände gekommen, und zwar noch zu Gronewalts Lebzeiten. Ein weiterer stattlicher Teil blieb damals in Halberstadt und wurde erst im 19. Jahrhundert zerstreut. Nach einer plausiblen Rekonstruktion von Helmut Liersch, dem gegenwärtigen Leiter der Marktkirchenbibliothek Goslar, ist der Büchertransfer von Halberstadt nach Goslar 1534/1535 erfolgt. Wir wissen nicht sicher, warum Gronewalt damals einen Teil seiner Bibliothek in die Stadt Goslar abgegeben hat. Denn er hat auch danach noch Bücher gekauft, gelesen und glossiert und den zurückbehaltenen Teil seiner Bibliothek wieder vergrößert. Es lässt sich vermuten, dass Gronewalts Bücherstiftung für Goslar mit persönlichen Beziehungen und Freundschaften zusammenhing. In Goslar standen um 1535 zwei Personen in wichtigen Ämtern, die 1523 im Zuge der ersten massiven erzbischöflichen Repression gegen Anhänger der reformatorischen Bewegung Halberstadt hatten verlassen müssen, der Goslarer Superintendent Eberhard Weidensee und der Ratssyndikus Ludwig Trutebul.

Eberhard Weidensee (gest. 1547), Doktor der Rechte, war in Halberstadt Propst des Augustinerchorherrenstifts St. Johannis gewesen, las und verschenkte früh Schriften Luthers und deckte zwei Prediger, die schon 1521 bis 1523 in der Ratskirche St. Martini reformatorisches Gedankengut verbreiteten. Weidensee versuchte in dieser Situation, sein führendes kirchliches Amt als Stiftspropst los zu werden. Mehrfach machte er ab 1522 Eingaben beim Erzbischof mit der Bitte, von seinem Amt entbunden zu werden, wobei der erst 1547 verstorbene Mann angab, für sein Amt nicht mehr die nötige Gesundheit zu haben. Seine spätere Laufbahn zeigt, dass er 1522 noch kein schwacher Mann gewesen sein kann. Erzbischof Albrecht ging auf Weidensees Bitte auch nicht ein. Doch ein Jahr später wurde Weidensee nach einer Visitation seines Stifts unter dem Vorwurf lutherischer Propaganda zum Verhör geladen und sollte in ein Gefängnis gebracht werden, wobei ihm unterwegs die Flucht gelang. Die Herausgabe seiner persönlichen Bibliothek wurde Weidensee verweigert. Bei seinem Verhör war ihm vorgehalten worden, er habe andere kirchliche Amtspersonen aus der Umgebung des Erzbischofs zum Luthertum verführt. In Gronewalts Bibliothek findet sich ein Beleg für die Netzwerke von Freunden, die Schriften untereinander austauschten und zu denen sowohl Weidensee als auch Gronewalt gehörten. Am 21. Juli 1520 war Gronewalt auch beruflich für Weidensee tätig: Er beglaubigte im Benediktinerkloster Nienburg eine Urkunde, die Levin von Veltheim, Propst zu Hildesheim, und Eberhard Weidensee, Propst zu Halberstadt, ausstellten.[18] Ungefähr in jener Zeit erhielt Gronewalt von Weidensee einen Druck, in dem zwei kleruskritische Briefe publiziert worden waren. Deren Verfasser waren zwei Humanisten aus der Umgebung Erzbischof Albrechts. Einer von ihnen, Heinrich Stromer, Leibarzt Albrechts, Medizinprofessor in Leipzig und heimlicher Luther-Sympathisant, widmete ein Exemplar eigenhändig dem Propst Weidensee und dieser gab es weiter an Gronewalt.[19] Die freundschaftliche Beziehung des Vikars Gronewalt zu Weidensee überdauerte auch Weidensees Exilierung. 1529 ließ der in Hadersleben (Haderslev) / Nordschleswig in Diensten des dänischen Kronprinzen Christian II. als reformatorischer Prediger aktive Weidensee durch den Buchführer Henning Sosat (gest. 1551)[20] Gronewalt eine eigene Schrift übermitteln, auf der Gronewalt notierte: „gratissimum donum" („hochwillkommenes Geschenk")[21]. Nachdem Weidensee 1534 als Superintendent nach Goslar berufen worden war, könnte er Kontakt mit Gronewalt im nahen Halberstadt aufgenommen und mit ihm über den Mangel an „guten" Büchern für die Pfarrer und Lehrer in Goslar gesprochen haben.

Bei dem Transfer der Bücher Gronewalts nach Goslar könnte auch Ludwig Trutebul (geb. 1484/85) eine Rolle gespielt haben, der viel berufliche Erfahrung mit Büchern und Büchertransport hatte. Trutebul, Fernhändler in Halberstadt, hatte ab 1519 in Halberstadt eine Druckerei in seinem Haus untergebracht, deren zum Teil aufwendige und teure Druckerzeugnisse er als Verleger zusammen mit den Brüdern Sebastian und Heinrich Godeken aus Magdeburg[22] finanzierte und verkaufte. Seine Verlagsprodukte sind in religiöser Hinsicht nicht auf eine der Parteien festgelegt. Er verlegte einerseits kostbare liturgische Bücher für den Messgottesdienst, ab 1520 aber auch ins Niederdeutsche übertragene Lutherschriften, auch noch, nachdem der Erzbischof den Vertrieb lutherischer Schriften in seinen Bistümern verboten hatte. Im Zuge der antireformatorischen Kampagne des Erzbischofs Albrecht von Brandenburg im Jahr 1523 kam auch Trutebul in Haft und wurde des Landes verwiesen. Der Büchersammler Gronewalt in Halberstadt hat auch Druckerzeugnisse aus dem ortsansässigen Verlag Trutebul erworben.[23]

4. Der Humanist Gronewalt: Der Heilige Hieronymus und Erasmus von Rotterdam

Ein Sammelband aus der Bibliothek Gronewalts enthält u. a. eine 1519 erschienene Ausgabe von drei Briefen des Kirchenvaters Hieronymus mit dem Kommentar des Erasmus von Rotterdam[24], dem damals anerkannten Haupt der deutschen Humanisten. An den oberen Rand schrieb Andreas Gronewalt auffällig (s. Abb. 3):

„And[reas:] Hieronimus Hieronymus".
Zu dieser Anrufung des Heiligen notierte Andreas:
„Repetitio nominis est significatio amoris[.] Que vtinam per eundem in me conuerteretur[,] infra".
„Die Wiederholung des Namens ist ein Zeichen der Liebe. O möge dieses [näml. Zeichen] durch jenen mir zurückgegeben werden! Siehe unten."
Die von Hieronymus empfangene Antwort hielt Andreas auf der Rückseite des Blattes fest:
„Hieronimus[:] Andreas Andreas per me salvus fias, supra".
„Hieronymus: Andreas, Andreas, durch mich wirst Du geheilt werden. Siehe oben."

Hieronymus war der von Erasmus und anderen Humanisten noch vor Augustin bevorzugte Kirchenvater. Er war den Humanisten das Vorbild des frommen Gelehrten und Sprachenkenners. Eng verbunden mit Hieronymus war dessen lateinische Bibelübersetzung, die sogenannte „Vulgata", die in der römischen Kirche als maßgeblicher Text galt. Gronewalt erwarb 1522 ein 1513 gedrucktes Exemplar dieser lateinischen Bibel. Links neben das Titel-

Abb. 3:
Ausgabe von drei Briefen des Kirchenvaters Hieronymus, Titelblatt mit Notiz Gronewalts.Bibliothek des Gleim-Haus Halberstadt: C9263 (4), Titelblatt. >>>

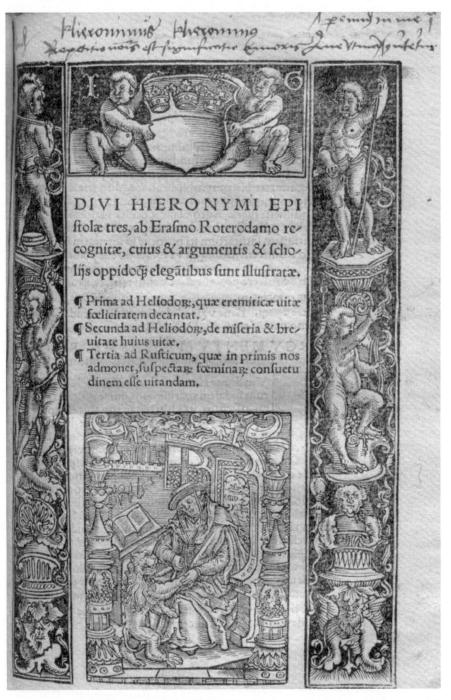

DIVI HIERONYMI EPI

stolæ tres, ab Erasmo Roterodamo recognitæ, cuius & argumentis & scholijs oppidoq́ elegātibus sunt illustratæ.

¶ Prima ad Heliodor̃, quæ eremiticæ uitæ fœlicitatem decantat.
¶ Secunda ad Heliodór̃, de miseria & breuitate huius uitæ.
¶ Tertia ad Rusticum, quæ in primis nos admonet, suspectas̃ fœminar̃ consuetudinem esse uitandam.

blatt schrieb er eine kurze Geschichte der Bibelübersetzungen, in der er Erasmus hohes Lob zollte:

> „Ptolemäus ließ die Bibel [näml. das Alte Testament] durch siebzig getrennt arbeitende und miteinander übereinstimmende Übersetzer vom Hebräischen ins Griechische übersetzen. Und der Heilige Hieronymus übersetzte sie vom Griechischen ins Lateinische. Der berühmte Mann Erasmus von Rotterdam, ein Deutscher, hat sie in unserer Zeit von Neuem in einigen Passagen und Worten, die durch Unachtsamkeit der Schreiber des Hieronymus und später der Buchdrucker verunstaltet waren, auf fromme und sehr klare Weise korrigiert und verbessert. Gott und diesem so großen Deutschen sei ewiges Lob. Die Verbesserung fand unter dem Kaiser Maximilian im Jahr der Jungfrauengeburt und unseres Heils 1512 statt, wie angenommen wird."[25]

Auch eine 1519 gedruckte Ausgabe von Erasmus griechischem Neuen Testament mit dessen verbesserter lateinischer Übersetzung hatte Gronewalt erworben.[26] Angesichts der Erwartungen, die Gronewalt in den Heiligen Hieronymus setzte, war es naheliegend, dass er auch die 1516 in Basel erschienene große neunbändige humanistische Gesamtausgabe der Werke dieses Kirchenvaters kaufte.[27] Mit dieser und weiteren ihm wichtigen Büchern im Gepäck tauchte Gronewalt 1521/22 ein zweites Mal in Wittenberg auf[28].

5. Gronewalt und Martin Luther

Gronewalt hat sich mit den von Luther ab 1516 herausgebrachten Schriften nach Ausweis seiner Notizen intensiv auseinandergesetzt. In einer lateinischen Werkausgabe des griechischen Kirchenvaters Athanasius[29] notierte er auf der Innenseite des Vorderdeckels ein strenges Urteil über einen „gewissen Mönch Martin Luther, Augustiner",

> „[...] der nicht nur das Römische Reich, sondern auch den Heiligen Apostolischen Stuhl und alle Autorität des römischen und höchsten Bischofs, des Nachfolgers Petri und Stellvertreters Christi auf Erden und des Hauptes der Christenheit, arglistig und übel zu zerstören versucht, indem er den Papst als Antichrist bezeichnet [...]. Dieses Übel und Schisma hat im Jahr 1520 ungefähr angefangen und gewütet."[30]

Gronewalt beurteilt in dieser Aussage, die in der Form der Chronistik im Wesentlichen die altgläubig-kirchenamtliche Sicht auf Luther wiedergibt, Luther als Schismatiker, der die Einheit der Kirche spaltet. Dieser Umstand ist aus Gronewalts Sicht erst 1520 eingetreten, als Luther begann, den römischen Papst als Antichrist zu qualifizieren und damit die Autorität der kirchlichen Hierarchie zu untergraben. Gronewalts Notizen in Luthers Schriften zeigen allerdings, dass er anfänglich manche von dessen theologischen Positionen mit Sympathie aufgenommen hatte. Das gilt insbesondere für Luthers Lehre vom Glauben und von guten Werken. Luther hielt 1519 bis 1521 seine zweite Vorlesung über die Psalmen. Deren Druckfassung, die *Operationes in Psalmos*, bezog auch Gronewalt.[31] Darin hat er den Satz unterstrichen: „Christus in Euangelio non nisi fidem quaerit" („Christus im Evangelium sucht nichts außer den Glauben"). Gronewalt drückte seine Identifikation mit dieser Aussage mit einer an den Rand gezeichneten Eichel aus[32], die uns aus seinem Notarsignet als ein persönliches Zeichen bekannt ist. Damit zeigte er, dass er Luthers Betonung des Glaubens unter Ausschluss des Vertrauens auf die guten Werke schätzte.

Nach seiner vorübergehenden Abwendung von Luther wegen dessen Frontalangriff auf die Amtsträger der katholischen Kirche Papst, Kardinäle und Bischöfe, begegnet uns Gronewalt in den 1530er Jahren als ein Vermittler zwischen den zerstrittenen konfessionellen Lagern. Er konnte im Stand eines katholischen Klerikers bleiben und schätzte zugleich Luther. Aus einer altgläubigen satirischen Spottschrift auf Luther exzerpierte Gronewalt die Behauptung, die Lutheraner würden Luther zum Gott machen und ihm einen Platz im Himmel geben.[33] Gronewalt widerspricht einerseits der Vergöttlichung Luthers, aber andererseits wandelt er jene Unterstellung in seine eigene Version der Wertschätzung Luthers um: „Wir machen dich, Martin, nicht zum Gott, aber geben dir einen Platz im Himmel, denn du bist ein wahrer Verehrer und ernster Liebhaber Gottes." („Non te facimus Martine deum Sed celo locamus | Nam Verus es Cultor et Strenuus dej Amator".)[34]

Der von Gronewalt repräsentierte Typ interkonfessioneller Existenz im 16. Jahrhundert, der wenig erforscht ist, dürfte unter den Bedingungen der Glaubensspaltung nicht selten gewesen sein. Auch unter den Halberstadter Klerikern jener Zeit stand Gronewalt nicht allein. So notierte er einen Spottvers auf den innerlich armen, wenngleich kostbar gekleideten Klerus, den Hinrik Lochte, sein Mitkleriker am Liebfrauenstift in Halberstadt, während einer Prozession am Sonntag nach Fronleichnam 1533 (15. Juni) geschmiedet hatte: „Secus inops dictus Quamvis sit bene amictus || Blatman arm man/ Hede he noch ßo gude kleder an [...]" („Eher arm genannt, wenngleich gut gekleidet. || Plattenmann, armer Mann, hätte er noch so gute Kleider an [...]").[35] Derartige Bemerkungen zeigen, dass Gronewalt einerseits im Klerikerstand blieb, andererseits aber Distanz gewonnen hatte zu manchen Ritualen und Praktiken, in die der Klerus herkömmlich eingebunden war. Dabei nahm er Einflüsse des Erasmus und Luthers auf und verband dies zugleich mit dem, was ihm sein katholisch-kirchliches Umfeld weiterhin an für ihn positiven Impulsen bieten konnte. Ich möchte dies an einem Beispiel zeigen, an dem für den alternden Gronewalt zunehmend bedeutsamen Lebensbereich Krankheit und Heilung.

Gronewalt war einer der in seiner Zeit nicht seltenen Kleriker, die sich auch mit Medizin und Heilpraxis beschäftigten. Einige medizinische Handbücher gehörten zu seiner Bibliothek. Aber auch in anderen Büchern, die Gronewalt gerade zur Hand hatte, notierte er therapeutische Rezepte, die er von Freunden und Bekannten bekam und auch seinerseits an andere weitergab. Gronewalt nimmt so Teil an empirisch-rationalen Bemühungen frühneuzeitlicher Medizin. Zugleich knüpft er an mittelalterliche religiöse Heilungserwartungen an, doch wandelt er diese signifikant um. Hatte er um 1518 noch den Heiligen Hieronymus angerufen, der seinem Verehrer Heilung zusicherte – „Durch mich wirst Du geheilt werden" , so hat er später die Anrufung von Heiligen als Nothelfer zurückgewiesen. Im *Feldbuch der Wundarznei* ist der Heilige Antonius, der Beschützer vor dem sog. Antoniusbrand (Rotlauf), dargestellt mit der Anrufung:

„O heylger herr Antony groß/
Erwürb vns gnad on underloß/
Abloß der sünd/ gots huld vnd gunst/
Behu(e)t vns vor deim schweren brunst."[36]

Gronewalt hat die Anrufung des Antonius durch die Anrufung Christi ersetzt: „O Jhesu Christe herre Groß" (s. Abb. 4). Hier nimmt er erkennbar die sowohl humanistische als auch reformatorische Kritik an der Heiligenverehrung auf. Doch ist ihm ebenso festhaltenswert ein dazu passender Ausspruch des Halberstädter Weihbischofs Heinrich Leucker (gest. 1538), eines Dominikaners:[37]

„deus optimus phisicus dixit suffraganeus. 1532."[38]
„Gott ist der beste Arzt, sagte der Weihbischof 1532."

6. Gronewalt zwischen den Konfessionen

Gronewalts Übergabe eines Teils seiner Bibliothek an die lutherische Hauptkirche der Stadt Goslar kann als eine Sympathiebekundung Gronewalts für die Reformation gedeutet werden. Aber er scheint zugleich im Stand eines

Abb. 4: Heiliger Antonius mit Veränderung des Textes durch Gronewalt. MKB 241, 2, Bl. I 5v.

katholischen Klerikers geblieben zu sein; allerdings fehlt uns hierfür bislang ein eindeutiger Beleg. Analoge Beobachtungen zu Gronewalts Positionierung zwischen den Parteien kann man an seinen Notizen in seinen Büchern machen. Hier stehen neben Kritik an Luther viele zustimmende Bemerkungen; Beziehungen zu Melanchthon, dem er Bücher ausleiht, neben Kritik an ihm; Aufnahme von Gedanken Andreas Bodensteins von Karlstadt neben Kritik. Gronewalt spottet über den katholischen Klerus, zu dem er Distanz gewinnt und zugleich ihm angehört.

Angesichts der Quellenlage erhofft man sich als Forscher von Gronewalts späten Notizen am ehesten Aufschlüsse über seine religiöse Verortung gegen Ende seines Lebens. Die jüngsten Drucke mit Notizen Gronewalts, die bislang registriert wurden, sind im Jahr 1541 erschienen. Es handelt sich um acht Drucke[39] – davon sieben theologische Schriften, unter denen sich eine von Gronewalts Freund Eberhard Weidensee verfasste antipäpstliche Goslarer Predigt befindet[40]; dazu kommt eine astrologische Prognostik für das Jahr 1542[41]. Dieses Schrifttum hat Gronewalt im Alter von mindestens 60 Jahren noch aufmerksam studiert, glossiert und wie schon zuvor Drucke kleineren Umfangs zwecks Ersparung von Bindekosten zu einem späteren Zeitpunkt in Sammelbänden, die mehrere oder auch viele Drucke enthielten, zusammenbinden lassen. Einer der Drucke ist frühestens im Juni 1541 erschienen; die astrologische Vorhersage für das Jahr 1542 dürfte, um möglichst aktuell zu sein, eher später im Jahr 1541 erschienen sein. Aus diesen Daten lässt sich schließen, dass Gronewalt zu einem unbekannten Zeitpunkt nach 1541 gestorben ist. Aus seinen bislang unvollständig ausgewerteten späten Notizen ließ sich bisher keine eindeutige Erkenntnis zu Gronewalts eigener konfessioneller Zuordnung gewinnen. Jedenfalls überwiegt in dieser Zeit das Interesse an Luther und weiteren lutherischen Autoren, verbunden mit gelegentlichen Sympathiebekundungen für diese.

Dass wir bislang keine weiteren Daten über Gronewalt nach 1541 haben, ist insofern von erheblichem Gewicht, als das Jahr 1541 für das Erzbistum Magdeburg und das Bistum Halberstadt einen Einschnitt hinsichtlich der Entwicklung der konfessionellen Verhältnisse brachte. Fürstbischof Albrecht schloss im Februar 1541 mit den Landständen beider Bistümer einen Vertrag, nach dem die Landstände die hohen Schulden Albrechts übernahmen und Albrecht seinerseits u. a. das von ihm aufwendig und kostspielig ausgestattete Neue Stift in Halle auflöste. Zugleich zog sich Albrecht in sein Fürstbistum Mainz zurück und verzichtete künftig darauf, sich in den beiden mitteldeutschen Bistümern aufzuhalten. Die Regierungsgeschäfte überließ er einem Koadjutor, Johann Albrecht von Brandenburg, der aber nicht verhindern konnte, dass die Reformationsanhänger mehr und mehr die Oberhand gewannen[42], auch in Halberstadt[43]. Ein Teil der katholischen kirchlichen Institutionen – Klöster und Stifte – blieben in Halberstadt allerdings noch längere Zeit erhalten, so dass Halberstadt de facto eine bi-konfessionelle Stadt war. Das Liebfrauenstift, in dem Gronewalt ein Vikariat hatte, wurde erst 1604 evangelisch. Der nicht nach Goslar abgegebene Teil von Gronewalts Bibliothek blieb bis in den Anfang des 19. Jahrhunderts in Halberstadt, an bislang unbekanntem Ort deponiert.

Man möchte natürlich gerne wissen, welchen religiösen Standpunkt Gronewalt letztendlich vor seinem Tod eingenommen hat oder welchen die Vertreter der Religionsparteien in Halberstadt ihm zugeschrieben haben. Denn insbesondere die protestantischen Geistlichen bemühten sich an Sterbebetten mit besonderem Nachdruck, die Sterbenden zu einem Glaubensbekenntnis in ihrem Sinn zu bewegen. Zum Lebensende Gronewalts liegen bislang keine einschlägigen Quellen vor. Ich bringe ersatzweise zwei Beispiele zu Sterberitualen und der Bedeutung des letzten Bekenntnisses im erstarkenden evangelischen Konfessionalismus der Stadt Halle, in der Gronewalt längere Zeit gewirkt hatte.

Zunächst zum Sterben eines überzeugt altgläubig gebliebenen Hallenser Ratsherrn: Caspar Querhammer, gestorben am 19. März 1557. Er hatte sich in einer Reihe von Ämtern um die Stadt verdient gemacht und war schließlich Ratsmeister (1534 bis 1536) geworden. In theologischen Dingen konnte er selbständig mitreden, beherrschte Griechisch und Latein, schrieb Lieder samt Melodien für das erste deutsche, in Halle entstandene katholische Gesangbuch, erschienen 1537.[44] Nachdem Kardinal Albrecht 1541 zum letzten Mal in Halle gewesen war, waren die altgläubigen Ratsmitglieder bald in der Minderheit, mussten aber angesichts der politischen Machtverhältnisse geduldet werden. Eine Zeit lang fügte sich Querhammer der Anweisung des Rates, evangelische Predigten anzuhören, ohne dass er sich dadurch „bekehrt" hätte. Auf dem Sterbebett lehnte Querhammer einen Besuch des lutherischen Superintendenten Sebastian Boetius (1513–1573) ab. Er hinterließ ein eigenhändiges, jedoch unvollendetes Glaubensbekenntnis, in dem er für Versöhnlichkeit zwischen den Konfessionen eintrat. Er betonte, dass er zuvor schon drei bis vier Mal sein Glaubensbekenntnis vorgetragen habe. Bei Querhammers Begräbnis ließ der Rat die Glocken läuten, doch wurde er ohne Beteiligung der Stadtgeistlichkeit begraben. Am Friedhofstor wurde der Verstorbene verspottet, was in der Überlieferung abwiegelnd „bösen Buben" zugeschrieben wird.[45]

Vier Monate nach Querhammer starb in Halle der evangelische Stadtrichter Wolfgang Wesemer (1492/93–1557)[46], der wie Querhammer zur Hallenser Oberschicht gehörte. Nachdem er 1530 vom Rat zum Stadtschultheißen gewählt worden war, hat ihm Erzbischof Albrecht zwar dieses Amt verliehen, jedoch nur auf Widerruf. Dadurch kam Wesemer auch in ein Abhängigkeitsverhältnis zum Erzbischof. Es ist daher nachvollziehbar, dass er bis zum Rückzug Albrechts aus dem Erzbistum Magdeburg im Jahre 1541 als Anhänger Luthers nicht in Erscheinung trat. 1542 jedoch kaufte er in Wittenberg eine 1541 erschienene Ausgabe der von Luther übersetzten Bibel und erhielt eigenhändige Eintragungen von fünf Wittenberger Reformatoren, die auf diese Weise auch um den in Halle einflussreichen Mann warben. Am Ende dieser Bibel findet sich ein zusammenfassender Bericht über eine Glaubensbefragung, die der Hallenser Diakon Franz Scharschmidt mit Wesemer am Sterbebett durchgeführt und anschließend aufgezeichnet hatte[47]: „Des herrn schulteisen Wolffgangi Weseners seligen letzte Glaubens bekentniß, darauff er seliglich ist eingeschlaffen Anno 1557 den 24 Julii." Der Diakon führte die Sterbeseelsorge in Form eines katechetischen Verhörs durch, nämlich im Wechsel von Fragen des Diakons und Antworten des Sterbenden. In der Überschrift wird hervorgehoben, dass das aufgezeichnete Gespräch das „letzte" Glaubensbekenntnis des Verstorbenen gewesen sei. Für die Beurteilung der Rechtgläubigkeit des Verstorbenen war das letzte Bekenntnis, das nicht mehr geändert oder widerrufen werde konnte, von entscheidender Bedeutung. Die Antworten Wesemers lassen erkennen, dass er auf das Gespräch vorbereitet war; möglicherweise gab es hierfür auch eine katechetische Vorlage. Wesemer antwortete korrekt im Sinne der lutherischen Rechtfertigungslehre. Diese Form der Sterbeseelsorge hatte auch die Funktion einer sozialen Kontrolle. Nach Feststellung der Rechtgläubigkeit stand einer Bestattung mit allen dem Toten gebührenden Ehren nichts im Wege.

7. Verzicht auf konfessionelle Bindung

Um Gronewalts Haltung zu verstehen, lohnt es sich, einen Blick auf die verschiedenen sozialen Netzwerke zu werfen, die ihn im Lauf seines Lebens geprägt haben oder in denen er beheimatet war. Über seine familiäre Herkunft wissen wir nur ganz wenig. Der Familienname Gronewalt kam nach Halberstadt durch Andreas Gronewalt d. Ä., der, eine Generation älter als unser Andreas Gronewalt d. J., Anfang der 1480er Jahre am bischöflichen Gericht in Halberstadt als Anwalt auftaucht, zu einem unbekannten Zeitpunkt ein Kanonikat an der Liebfrauenkirche in Halberstadt erhielt und 1512 verstarb.[48] Wie die vermutete Verwandtschaft der beiden näher aussah, ist offen. Andreas d. J. trat in die Fußstapfen des Älteren: Dass er Kleriker wurde, hatte familiäre Tradition. Und beide Träger des Namens Andreas Gronewalt hatten eine Pfründe am Liebfrauenstift. In einem Netz von Klerikern pflegte Gronewalt Kontakte und freundschaftliche Beziehungen: Dazu gehörten einzelne Mitkleriker am Liebfrauenstift, die in seinen Büchern auftauchen, ferner Propst Weidensee in Halberstadt, die Augustinerchorherren Vitus Keller und Lukas Jakobi am Stift Neuwerk in Halle, Jakobi ab 1520 Propst im Stift Calbe. Zu den drei genannten stand Gronewalt zunächst in beruflich bedingter Verbindung durch seine Tätigkeit, mit Weidensee und Jakobi auch in freundschaftlicher Verbindung. Seine Tätigkeit als Gerichtsschreiber und Notar brachte Gronewalt auch in Verbindung mit zwei Erzbischöfen von Magdeburg. Wann immer Gronewalt in seinen privaten Buchnotizen auf Albrecht von Brandenburg zu sprechen kommt, nennt er ihn respektvoll mit den ihm gebührenden Titeln: „Der Hochwürdigste Herr Herr Albrecht, Erzbischof usw." („Reverendissimus dominus dominus Albertus archiepiscopus etc."). Und das auch noch, nachdem Weidensee 1523 von Albrecht seines Amtes enthoben worden war und flüchten musste. Auch Propst Jakobi flüchtete sich 1523 nach Wittenberg; Keller begab sich zum Studium nach Wittenberg. Gronewalt seinerseits verhielt sich dem Fürstbischof gegenüber wie ein loyaler Beamter, auch wenn er religiös teilweise nicht auf dessen Linie blieb. Auch zwei Halberstädter Weihbischöfe, Heinrich Leucker und Johannes Mensing erwähnt Gronewalt interessiert, jedenfalls ohne Kritik. Auffallend ist, dass Gronewalt, der in seinen Büchern nur selten gegen andere polemisiert, wiederholt gegenüber Dominikanern einen aggressiven Ton anschlägt, zum Beispiel: „Römer 14: Mit dem Herz glaubt man zur Gerechtigkeit, mit dem Mund aber geschieht das Bekenntnis (confessio) zum Heil. Welches (Bekenntnis) ein gewisser Mönch aus dem Predigerorden leichtfertig auf die Ohrenbeichte (auricularem confessionem) bezogen hat, im Jahr 1532 in Halberstat in höchster Feierlichkeit <...>. Dessen Namen ist Engel, aber in Wahrheit ein Teufel".[49]

Gronewalt war auch Humanist, wie Weidensee und Jakobi schon vor deren Hinwendung zur Reformation, ein Verehrer des Erasmus von Rotterdam. In diese Linie passt, trotz Gronewalts gelegentlich gezeigter Aversion gegenüber Dominikanern, dass er einer der um Ausgleich bemühten Humanisten war, die der *rabies theologorum* (Streitsucht der Theologen) aus dem Wege zu gehen versuchten. Da sich Gronewalt als Humanist verstand, fand er in Wittenberg auch den Weg zu Philipp Melanchthon, dem großen Humanisten und Gräzisten an Luthers Seite. Kritisch lesend, lobte Gronewalt einerseits Melanchthons zuerst 1521 erschienene *Loci theologici*, andererseits vermerkte er auch, in ein Horaz-Zitat freundlich verpackt, dass ein junger Mann sich in Zukunft noch verbessern kann.

8. Schluss

Im Jahr 2013 erschien ein Aufsatzband mit dem Titel „Konfessionelle Ambiguität. Uneindeutigkeit und Verstellung als religiöse Praxis in der Frühen Neuzeit"[50]. Die verwendeten Begriffe zeigen, wie die Forschung darum ringt, das Phänomen fehlender konfessioneller Bindung, dem man bei Andreas Gronewalt begegnet, in die herkömmliche, vom Konzept der Konfessionalität dominierten Wahrnehmung der religiösen Verhältnisse im 16. Jahrhundert zu integrieren. Gestalten, die sich in das Konfessionsraster nicht einordnen lassen, werden als konfessionell zweideutig, uneindeutig oder sich verstellend wahrgenommen. Man gebraucht Begriffe wie konfessionelle Indifferenz, Nikodemismus usw., in denen – durch die Tradition belastet – zum Teil eine negative Wertung mitschwingt.[51] Die Beschreibung der kreativen Leistung, die von den Individuen erbracht wurde, um innerhalb des jeweils vorgegebenen und verordneten institutionellen kirchlichen und zugleich politischen Raumes eine individuelle Position zu den religiösen Lehren und Praktiken zu entfalten und dadurch Freiräume für eigenständiges Denken und Handeln zu erweitern, bleibt eine Aufgabe.

Anmerkungen

[1] Landeshauptarchiv Sachsen-Anhalt, Abt. Magdeburg (LHASA, MD): U 4a Domstift Halle, Nr. 9. Edition (ohne Notarszeichen) von Johann Peter von Ludewig: Reliquiae manuscriptorum omnis aevi diplomatum ac monumentorum, ineditorum. Bd. 11, Halle an d. S. 1737, S. 213–233.

[2] Luther an Albrecht von Mainz, 31.10.1517; WA.B 1, Nr. 112, 66 f.

[3] Die Errichtungsbulle Papst Leos X. ist in die Urkunde des Bischofs Schulz inseriert. Zu diesem Vorgang vgl. Ulrich Bubenheimer: Reliquienfest und Ablass in Halle. Albrecht von Brandenburgs Werbemedien und die Gegenschriften Karlstadts und Luthers, in: Stefan Oehmig (Hrsg.): Buchdruck und Buchkultur im Wittenberg der Reformationszeit. Leipzig 2015, 71–100; hier S. 75 f.

[4] Als bischöflicher Notar ab 1516, als Sekretär ab 1525 belegt. 1536 wurde er auf den Altar Cyriaci et Valentini im Dom zu Halberstadt präsentiert. Zu ihm vgl. J. H. Gebauer: Aus dem Leben und dem Haushalte eines märkischen Domherren zur Zeit der Reformation, in: Jahrbuch für Brandenburgische Kirchengeschichte 6 (1908) 68–92. Gustav Abb; Gottfried Wentz (Bearb.): Das Bistum Brandenburg. 1. Teil. (= GermSac 1, 1, 1). Berlin 1929, 125.

[5] Albrecht selbst befand sich am 30.01.1520 in Halberstadt, am 20.02.1520 in Lochau. Michael Scholz: Residenz, Hof und Verwaltung der Erzbischöfe von Magdeburg in Halle in der ersten Hälfte des 16. Jahrhunderts. Sigmaringen 1998, 362.

[6] Vgl. Ulrich Bubenheimer: Die Bücher und Buchnotizen des Klerikers Andreas Gronewalt aus Halberstadt – Zur frühen Geschichte der Marktkirchenbibliothek Goslar und zur Rezeption der Wittenberger Reformation, in: Otmar Hesse (Hg.): Beiträge zur Goslarer Kirchengeschichte. Die Vorträge der Amsdorfabende. Bielefeld 2001, 35–56.

7 Marktkirchenbibliothek (MKB) Goslar: 15; 76 und 77.
8 „Andreas Gronewalt de Halberstat t[otu]m." Hermann Weissenborn (Bearb.): Acten der Erfurter Universität. Teil 2. Halle 1884, 175b, 14.
9 M. Johann Jakob Köhler: Geschichte der Stadt und Grafschaft Brena [...] (unveröffentlichtes Manuskript, um 1760/76) [...]/ Transkribiert, übersetzt und bearbeitet von Armin Feldmann. Brehna 2003, S. 177–189; hier S. 189 Gronewalts Beglaubigung der Urkunde.
10 Köhler 2003 (wie Anm. 9), 189.
11 So nach dem Regest von Joseph Förstemann (Hrsg.): Urkundenbuch der Stadt Leipzig. Bd. 3, Leipzig 1894, S. 78, Nr. 118.
12 Gustav Hertel (Bearb): Urkundenbuch der Stadt Magdeburg. Bd. 3 Halle 1896, 821–824.
13 „Andres Grunewalt de halberstadt." Album Academiae Vitebergensis, Bd. 1, hrsg. von Karl Eduard Förstemann, S. 30a.
14 Johann Christoph von Dreyhaupt: Pagus neletici et nudzici, Oder Ausführliche diplomatisch-historische Beschreibung des [...] Saal-Creyses, [...], Halle 1749–1751, 1, 844 f.
15 MKB Goslar: 201, 2: Basilius Caesariensis: De poetarum Oratorum Historicorumque ac Philosophorum legendis libris. Leipzig: Wolfgang Stöckl, Bl. B 1r.
16 MKB Goslar: 358, 5: Bernhard von Clairvaux: DIVVS BERNARDVS IN SYMBOLVM APOSTOLORVM. [...]. [Straßburg]: Johann Knobloch d. Ä. (D), Matthias Schürer (V), 1507, auf dem unbedruckten Bl. F 4r.
17 Den Spruch hat Gronewalt u. a. auf dem Titelblatt von [Honorius Augustodunensis]: Elucidarius dialogicus theologie tripertitus: infinitarum questionum resolutiuus. [...]. Nürnberg: [Johann Weissenburger], 1. Mai 1509 (MKB Goslar: 358, 2) zitiert. Hier hat er diesen Spruch aus der dem Druck vorangestellten anonymen Vorrede „Ad lectorem" (Bl. A 1v) entnommen. In einigen anderen Drucken wiederholt er ihn.
18 Johann Christoff Beckmann: Historie Des Fürstenthums Anhalt [...], Zerbst 1710, 447 f. (freundlicher Hinweis von Dr. Alejandro Zorzin, Göttingen). Vermutlich hat Weidensee Gronewalt als Notar für diesen Vorgang herangezogen.
19 Heinrich Stromer; Gregor Copp: Duae Epistole: Henrici Stromeri Auerbachij: [et] Gregorij Coppi Calui medicoru[m] [...], [Leipzig 1520], MKB Goslar: 332, 21, mit handschriftlicher Widmung Stromers an Weidensee: „Viro omnium seculorum memoria digno domino Eberhardo Weydense preposito canonicorum monasterij S. Joannis in Halberstat domino suo su-

spiciendo H. Stromer Medicus foelicitatem". Gronewalt hat das Exemplar, das Notizen von seiner Hand enthält, offenbar von Weidensee erhalten. Druckfehler sind in diesem Exemplar korrigiert von der Hand des [Lukas Jakobi], Propst im Stift Gottes Gnade. Notizen von Jakobis Hand kommen auch in weiteren Drucken der Bibliothek Gronewalts vor, was auf Buchaustausch zwischen Jakobi und Gronewalt hinweist.

[20] Henning Sosat (Sosadt, Susatus) stammte aus Braunschweig. Bis 1537 stand er als Buchführer und Geschäftsleiter in den Diensten des Leipziger Druckers und Buchhändlers Melchior Lotter d. Ä.; danach selbständiger Buchführer in Leipzig, hier Bürger 1537. Ob Sosat im August 1529, als er Gronewalt die Schrift Weidensees übermittelte, dies von Braunschweig oder Leipzig aus tat, ist unbekannt. Zu Sosat s. Heinrich Grimm: Die Buchführer des deutschen Kulturbereichs und ihre Niederlassungsorte in der Zeitspanne 1490 bis um 1550, in: Archiv für Geschichte des Buchwesens 7 (1967), 1634 und 1648.

[21] Weidensee übermittelte am 8. August 1529 durch Henning Sosat folgende Schrift an Gronewalt: Eberhard Weidensee: Eyn vnderricht [...] Melchior Hoffmans sendebreff/ [...] belangende. [...], [Hamburg: Georg Richolff d. J.], 1529 (Widmungsbrief Weidensees an Christian von Norwegen, Hadersleben, 3. Februar 1529). Gronewalt notierte auf dem Druck: „Gratissimum: Donum transmissum Anno domini 1529 die 8 Augusti per Henningum Susatum". (Bibliothek des Gleim-Hauses Halberstadt: C9849).

[22] Das Geschlecht Godeke(n) / Godecke war eine Magdeburger Ratsfamilie. Heinrich Godeke hatte 1524 das Amt des Kämmerers inne. www.von-alemann.de/rat1500–1549.html

[23] Einer dieser Drucke, der zwei lateinische Schriften des Kirchenvaters Isidor von Sevilla (gest. 636) bietet, ist in der MKB Goslar: 344, 3 erhalten. Jsidorus de summo bono et soliloquiorum eius. Halberstadt: Ludwig Trutebul (V); [Lorenz Stuchs (D)], 1522.

[24] Bibl. Gleim-Haus Halberstadt: C9263 (4). Hieronymus (Verf.); Erasmus von Rotterdam (Komm.): DIVI HIERONYMI EPIstolae tres, ab Erasmo Roterodamo recognitae [...], [Köln]: Johann Gymnich I., [1519]. Die Widmungsvorrede ist datiert Köln, 31. Dezember 1518 (Bl. A 1v), weshalb der Druck erst 1519 erschienen sein kann. In VD16 ZV 7938 ist der Druck irrtümlich ins Jahr 1518 datiert.

[25] „ptholemeus fecit tranferrj Bibliam per septuaginta interpretes separatos et in vnum concordantes de hebraico in grecum[.] Et S. Iheronimus eam de greco in latinum traduxit[.] Quam etiam denuo vir inclitus Erasmus Ro-

therodamus Alemanus temporibus nostris in aliquibus passibus et verbis (per incuriam scriptorum Iheronimi et de post calcographorum deturpatis) pie et perlucide correxit emendauitque[.] laus deo tantoque viro Alemano perhennis[.] Sub Maximiliano Imperatore: Anno virginei partus salutisque nostre /1512/ vt creditur emendata." MKB Goslar: 71, vorderer Spiegel.

26 Erasmus von Rotterdam (Bearb.): NOVUM TESTAMENTVM OMNE, [...], Basel: Johann Froben, März 1519. MKB Goslar: 128.

27 Gronewalts Exemplar in MKB Goslar: 72 bis 76 sowie der zugehörige Indexband ebd. 214.

28 Das lässt sich rekonstruieren aus Notizen, die Melanchthon in Gronewalts Decretum Gratiani (MKB Goslar: 15) hinterlassen hat. Vgl. Ulrich Bubenheimer: Andreas Gronewalt: Priester, Notar und Humanist aus Halberstadt zwischen Erzbischof Albrecht von Brandenburg und den Wittenberger Reformatoren, in: Helmut Liersch (Hrsg.): Marktkirchen-Bibliothek Goslar. Beiträge zur Erforschung der reformationszeitlichen Sammlung, Regensburg 2017 (im Druck).

29 MKB Goslar: 77. Athanasius Alexandrinus: ATHANASII EPISCOPI ALEXANDRINI SANCTISSIMA, ELOQVENTISSIMAQVE OPERA [...]. Paris: Jean Petit, 12. April 1519.

30 Ebd., Notiz Gronewalts auf dem vorderen Spiegel: „[...] quidam monachus Martinus Lutter augustinianus Qui non solum Imperium Ro[manum] Sed et sanctam Sedem Apostolicam et omnem auctoritatem Ro[mani] summi pontificis successoris petri et vicarii Christi in terris capitisque christianitatis malitiose et pessime nititur evertere Nominans papam antichristum contra superius S. Pauli dictum. Quod malum et cisma Anno domini 1520 sub et super inceptum et ingrassatum est".

31 HAB Wolfenbüttel: A: 71.3 Theol. 4° (1). Martin Luther: Operationes .F. Martini L. in PSALMOS; VITTENBERGENSIS: THEOLOGIAE STVDIOSIS PRONVNCIATAE: Wittenberg: Johann Rhau-Grunenberg, 1519[–1521]. Gronewalts unvollständiges Exemplar geht nur bis Bl. v 4.

32 Ebd., Bl. A 1v. Diese Einzeichnung sowie weitere Notizen auf derselben Seite waren bereits eingetragen, als der Band gebunden wurde. Da der Sammelband Drucke von 1519 bis 1524 enthält, dürfte er 1524 oder bald darauf gebunden worden sein.

33 Encomia Luteri [...], [Dresden: Emserpresse], 1524, Bl. B 1r (Bayerische Staatsbibliothek München: Res/4 P.o.lat. 743,38 n). In einem Sammelband Gronewalts, heute MKB Goslar: 328, war ein Exemplar dieses Druckes ursprünglich eingebunden, fehlt jedoch heute. Auf dem hinteren Spiegel

notierte Gronewalt die genannte Stelle mit Verweis auf den Druck („Nos te facimus Martine deum Celoque locamus supra in Encomijs lutheri [...]").

[34] Zitiert nach Gronewalts endgültiger Fassung, die er in MKB Goslar: 328, 6 auf der letzten Seite notiert hat. Auf dem hinteren Spiegel finden sich zwei Varianten dieses Satzes, die zeigen, wie Gronewalt an dem Satz gefeilt hat, bis er die endgültige Form fand. Gronewalt könnte die Notiz erst Anfang der 1530er Jahre geschrieben haben, denn am Ende von Druck (1) dieses Bandes, der 1523 erschienen ist, machte er eine auf Halberstadt bezügliche Notiz mit dem Jahresdatum 1532.

[35] MKB Goslar: 251 auf dem letzten Vorsatzblatt vor dem Druck: Hugo de Sancto Victore: [...] Didascalion et alia opuscula. [Straßburg: Georg Reyser, nicht nach 1474].

[36] MKB Goslar: 241, 2: Hans von Gersdorf: Feldtbu[o]ch der wundtarzney, Straßburg: Johann Schott 1517, Bl. 15v.

[37] Leucker (in der Literatur auch Lencker genannt) war 1514 bis 1538 Weihbischof. Michael Scholz: Residenz, Hof und Verwaltung der Erzbischöfe von Magdeburg in Halle in der ersten Hälfte des 16. Jahrhunderts. Sigmaringen 1998, 37 Anm. 43.

[38] MKB Goslar: 153, auf der Vorderseite des hinteren Vorsatzblattes. Der Band enthält: Ambrosius Calepinus: Dictionarium copiosissimum, Straßburg: Matthias Schürer (D); Leonhard und Lukas Alantsee (V), 1516.

[39] Petra Groeschl, Bibliothekarin des Lutherhauses Wittenberg, hat freundlicherweise eine „Bibliographie der Drucke mit handschriftlichen Eintragungen von Andreas Gronewalt", die sich in der Bibliothek des Lutherhauses befinden, angefertigt und mir zur Verfügung gestellt. Darin sind sieben im Jahre 1541 gedruckte Schriften aufgeführt. Davon habe ich bislang nur einen Teil einsehen können. Ein weiterer Druck befindet sich heute in der Bibliothek des Gleim-Hauses in Halberstadt; s. die folgende Anm.

[40] Eberhard Weidensee: Eyne Alte Prophezey/ von der versto[e]rung des Keyserlichen Bapstumbs [...], Magdeburg: Hans Walther, 1541; Bibl. Gleim-Haus Halberstadt: C 9855. Es handelt sich um eine Predigt über Apok 14, die Weidensee am 28.12.1540 in Goslar gehalten und König Christian II. von Dänemark gewidmet hat, in dessen Diensten Weidensee 7 ½ Jahre in Haderslebenen in Nordschleswig gewirkt hatte, bevor er nach Goslar berufen wurde.

[41] Heinrich Poppe: Practica Deudsch/ vff das Jahr/ MDXLII. zu ehren dem Edlen [...] herrn Philippo Grauen zu Mansfelt [...] Durch Magistrum Hein-

ricum poppen zu Erfurt beschrieben. [...], [Erfurt]: Melchior Sachse d. Ä., [1541] (VD 16 ZV 22216); LH Wittenberg: Ag 4° 276 r.
42 Vgl. Christof Römer: Ringen um die Begründung einer evangelischen Landeskirche in einem Fürstbistum: Halberstadt 1517–1591, in: Christof Römer (Hrsg.): Evangelische Landeskirchen der Harzterritorien in der frühen Neuzeit, Wernigerode; Berlin 2003, 77–106; hier 89 f.
43 Vgl. Silke Logemann: Grundzüge der Geschichte der Stadt Halberstadt vom 13. bis 16. Jahrhundert, in: Dieter Berg (Hrsg.): Bürger, Bettelmönche und Bischöfe in Halberstadt. Studien zur Geschichte der Stadt, der Mendikanten und des Bistums vom Mittelalter bis zur Frühen Neuzeit, Werl 1997, 135–138.
44 Der Herausgeber war der Dominikaner Michael Vehe, der das Gesangbuch Querhammer widmete. Vgl. Franz Schrader: Michael Vehe OP († 1539). Katholischer Theologe und Propst des Neuen Stifts in Halle, in: Werner Freitag (Hrsg.): Mitteldeutsche Lebensbilder. Menschen im Zeitalter der Reformation, Köln u. a. 2004, 55–68; hier 65 f. Sigrid von der Gönna: Albrecht von Brandenburg als Büchersammler und Mäzen der gelehrten Welt, in: Friedhelm Jürgensmeier: Erzbischof Albrecht von Brandenburg (1490–1545). Ein Kirchen- und Reichsfürst der Frühen Neuzeit, Frankfurt am Main, 381–477; hier 452 Anm. 364.
45 Dreyhaupt 1749–1751 (wie Anm. 14), 2, 691. – Walter Delius: Die Reformationsgeschichte der Stadt Halle a. S., Berlin 1953, 114. – Cornelia Wieg: Handgeschrieben. Autographen aus fünf Jahrhunderten. 20. Mai bis 6. August 2006; Stiftung Moritzburg Kunstmuseum des Landes Sachsen-Anhalt, Halle (Saale), [2006], 10–12.
46 Zu Wesemer s. Ulrich Bubenheimer: Die Lutherbibel des Hallenser Schultheißen Wolfgang Wesemer. Ein Stück Kulturgeschichte von den Einzeichnungen der Wittenberger Reformatoren bis zur Ausstellung auf der Wartburg, in: Ulman Weiß; U. Bubenheimer: Schätze der Lutherbibliothek auf der Wartburg. Studien zu Drucken und Handschriften, hrsg. v. Grit Jacobs, Regensburg 2016, 98–147; hier S. 101–103 die biographischen Daten zu Wesemer.
47 Ediert von Bubenheimer 2016 (wie Anm. 46), 145 f. Abbildung ebd., S. 125, Abb. 26.
48 Näheres s. Bubenheimer 2017 (wie Anm. 28).
49 „Ro[manos] 14 [vielmehr 10!] Corde creditur Ad iustitiam Ore autem confessio fit ad salutem | Quam autem Quidam monachus predicatorum ord[inis] friuole traxit | ad auricularem confessionem anno 1532 Halberstat

in summa sollemnitate ant<e populum> | Cuius Nomen Engell |sed vere diabolus". Notiz in: Der von Orlemund schrifft an die zu Altedt/ wie man Christlich fechten soll. Wittenberg: Hans Luft, 1524, Bl. A 2v (in spitzen Klammern Konjektur wegen Überklebung der Notiz am Rand). Diese Notiz Gronewalts war veranlasst durch folgenden Bezugstext im Druck: „Sonst [...] wollen wyr [...] ob rechenschafft des glawbens von vns gefoddert wurde/ frölich erfur treten [...]." Gronewalt hat „Rechenschafft des glawbens" am Rand lateinisch mit „Confessio fidei" wiedergegeben, zu diesem Stichwort Römer 10, 10 zitiert und dazu die Auslegung des Dominikaners Engel.

50 Andreas Pietsch; Barbara Stollberg-Rilinger (Hrsg.): Konfessionelle Ambiguität. Uneindeutigkeit und Verstellung als religiöse Praxis in der Frühen Neuzeit, Heidelberg 2013.

51 Neutraler ist die Begrifflichkeit in einem zu dieser Thematik bereits früher erschienenen Band: Kaspar von Greyerz [u. a.] (Hrsg.): Interkonfessionalität – Transkonfessionalität – binnenkonfessionelle Pluralität. Neue Forschungen zur Konfessionalisierungsthese, Heidelberg 2003.

DIETER B. HERRMANN

Das Verhältnis von Humanismus, Reformation und Katholizismus zu Astronomie und Astrologie [1]

Das Christentum stellt heute die weltweit größte Religionsgemeinschaft dar. Etwa ein Drittel aller auf unserem Planeten lebenden Menschen gehören der Weltreligion des Christentums an. So ist es verständlich, dass die Reformation der Institution Kirche durch Martin Luther im Jahre 1517 auch weltweit Beachtung findet als ein historisches Ereignis, das für die Entwicklung weit über die Kirche hinaus größte Bedeutung hatte und im Ergebnis schließlich eine neue Landschaft kirchlicher Institutionen hervorbrachte: die katholische, die evangelische und die reformierte Kirche. Luther gilt als eine der bedeutendsten Persönlichkeiten der Kirchengeschichte.

Seltsam, dass in diesem Zusammenhang ein anderer Name so gut wie völlig ausgeblendet wird. Wir sprechen von Nicolaus Copernicus. Er wurde zehn Jahre vor Luther geboren und ist drei Jahre vor Luther gestorben. Sein Werk ist von ebenso zentraler historischer Bedeutung und entstand in Luthers Lebenszeit. Copernicus prägte die Astronomie der Luther- und Nach-Lutherzeit und bewirkte einen der größten Umbrüche in der Geschichte des astronomischen Weltbildes. Luther und Copernicus – beiden gemeinsam waren der Wille, die Kraft und die Fähigkeit, in ihrem Bereich fest verwurzelte scheinbar ewige Werte infrage zu stellen und neuen folgereichen Entwicklungen den Weg zu bahnen.

Worin bestand nun das revolutionär Neue in der Astronomie der Luther-Zeit und welche Stellung bezogen die Humanisten, Reformatoren sowie die katholische Kirche dazu?

Der Mensch im Zentrum des Universums

Das astronomische Weltbild war seit der Antike von der Mittelpunktsstellung der Erde im Universum geprägt. Alle anderen Himmelskörper sollten sich um die Erde bewegen.

Die „Bibel" des geozentrischen Weltbildes war der „Almagest" des Ptolemaios[2], der im 2. Jh. n. Chr. alle bis dahin gewonnenen Erkenntnisse der Astronomie in seiner „Mathematischen Zusammenstellung" dargestellt hatte. In diesem Meisterwerk war es Ptolemaios gelungen, alle Bewegungen der Planeten durch ein raffiniert ausgedachtes kinematisches System zu beschreiben und zwar so gut, dass man die Positionen der Planeten auf Jahrzehnte im Voraus daraus bestimmen konnte.

Wie konnte dieses Kunststück gelingen, obschon in der Realität gar keine Mittelpunktsstellung der Erde besteht?

Platon hatte gefordert, dass die „göttlichen" Himmelskörper sich allesamt mit konstanter Winkelgeschwindigkeit auf der volkommensten aller geometrischen Bahnen bewegen mussten. Schon die Beobachtungen der Babylonier hatten aber gezeigt, dass dies nicht der Fall war. Vielmehr gab es nicht nur variierende Geschwindigkeiten der Planeten auf ihren Bahnen, sondern auch Vor- und Rückwärtsbewegungen vor dem Hintergrund der Fixsternkulisse, die sog. Recht- und Rückläufigkeiten. Diese zwei „Ungleichheiten" der Planetenbewegungen widersprachen der Forderung von Platon. Doch er sah in dem, was wir beobachten, nur „Schattenbilder" der Realität. Die Wirklichkeit sei dahinter verborgen. Die Astronomen entwickelten unter dem Eindruck dieser Prämisse nun kinematische Modelle, bei denen Platons Forderung streng erfüllt war. Im Ergebnis bewegten sich die Planeten bei Ptolemaios gleichförmig auf Kreisen (Epizykel), deren Mittelpunkte wiederum gleichförmig auf größeren Kreisen (Deferenten) umliefen (Abb. 1). So gelang es ihm, für jeden Planeten (einschließlich Sonne und Mond) die tatsächlich beobachteten Bewegungen unter ausschließlicher Benutzung von Kreisbahnen darzustellen. Allerdings musste Ptolemaios zur exakten Wiedergabe der Beobachtungsdaten noch einen punctum aequans (Ausgleichspunkt) einführen, der zur Folge hatte, dass die Erde in seinem Modell nicht mehr streng im mathematischen Weltmittelpunkt stand.

Erstaunlich ist die Tatsache, dass sich dieses „falsche" Weltbild rund anderthalb Jahrtausende behaupten konnte. Dabei hatte es schon in der Antike heliozentrische Denkansätze gegeben, die durchaus plausibel waren. So hatte z.B. Aristarch von Samos bereits im 3. Jh. v. Chr. die Mittelpunktsstellung

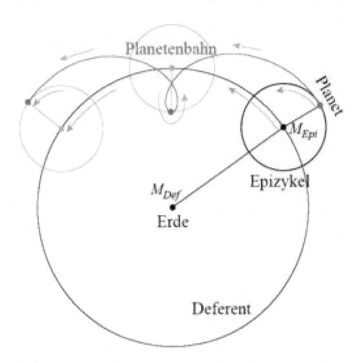

Abb. 1: Die kinematische Konstruktion der Planetenbewegungen nach Ptolemaios

der Sonne behauptet, weil er aus einer geistreich erdachten Messung entnommen hatte, dass die Sonne viel größer sein müsse als die Erde. Doch diese und andere Ansätze konnten sich nicht durchsetzen. Zu überzeugend war die Übereinstimmung des geozentrischen Bildes mit dem Augenschein, der die Mittelpunktsstellung der Erde nahe legte, aber auch die Prognosekraft der Konstuktionen von Ptolemaios. Ein weiteres wichtiges Argument zugunsten des geozentrischen Bildes bestand in dessen Übereinstimmung mit der Physik des Aristoteles. Dieser hatte gelehrt, dass alle schweren Körper das Bestreben hätten, sich zu ihrem „natürlichen Ort", der Weltmitte zu bewegen. Da nun aber jeder fallende Körper senkrecht auf eine Tangentialfläche fällt, die man an die kugelförmige Erde anlegt, musste sich die Erde denknotwendig in der Mitte des Universums befinden.

Glücklicherweise gelangte das Werk des Ptolemaios – ebenso wie zahlreiche andere Texte aus der Antike – nach dem Untergang des antiken Griechenland in den westeuropäischen Kulturkreis. Dies ist besonders den Übersetzungen zu verdanken, die im islamischen Kulturkreis angefertigt wur-

Abb. 2: Denkmal für Alfons X. von Kastilien in Madrid (Foto: D. B. Herrmann)

den. Schon dort nahmen die Astronomen des Kalifats zahlreiche Korrekturen an den Zahlenwerten des Ptolemaios vor, weil sie deren Übereinstimmung mit den Beobachtungen nicht immer bestätigen konnten. Später gründete Alfons X von Kastilien (El Sabio = der Weise) in Toledo eine Übersetzerschule, in der Christen, Juden und Moslems gemeinsam die Werke der Antike für das christliche Europa retteten. (Abb. 2) Mitte des 13. Jhs. beauftragte er eine Gruppe von Gelehrten mit einer Überarbeitung des ptolemaiosschen Systems. Die Zahl der Hilfskreise wuchs dadurch allerdings noch weiter an. Als Alfons das Ergebnis sah, soll er gesagt haben: „Wenn mich Gott bei der Erschaffung der Welt zu Rate gezogen hätte, ich hätte ihm größere Einfachheit anempfohlen."

Zweifel kommen auf

In der europäischen Renaissance erwachte auch die astronomische Beobachtungskunst aufs Neue, und erstmals seit der Antike wurde wieder ernsthaft zum Himmel geschaut. Georg von Peurbach und Johannes Regiomontan waren zwei Pioniere, die auch die alten Schriften der antiken Astronomie teilweise neu übersetzten und sorgfältig studierten.

Ihre astronomischen Tabellen wurden von Columbus und Vasco da Gama auf ihren Seefahrten zur Navigationszwecken benutzt. Unmittelbar nach dem Tod dieser beiden Erneuerer der Astronomie wurde Nicolaus Copernicus 1473 geboren. (Abb. 3)

Die Zweifel am überkommenen Weltsystem mit der Erde in der Weltmitte hatten sich zwar gehäuft, doch niemand wagte eine so radikale Wende wie Nicolaus Copernicus. Dabei war Copernicus eigentlich gar kein Astronom. Seine Biographie weist ihn als einen Mann der Kirche aus, der zugleich auch als Politiker tätig gewesen ist. Nach dem frühen Tod seines Vaters hatte ihn sein Onkel, Lukas Watzenrode, unter seine Fittiche genommen und ihm eine gediegene Ausbildung an den besten Universitäten angedeihen lassen. Zunächst kam der junge Mann nach Krakau, damals ein Zentrum des Humanismus in Europa. Watzenrode war Bischof des Ermlandes, das sich gerade erst im Kampf der Deutschritter gegen das polnische Königreich unter den Schutz der polnischen Krone gestellt hatte. Watzenrode wollte, dass auch Copernicus sich später im Domkapitel von Frauenburg (Frombork) betätigen sollte, um den Einfluss der Deutschritter weiter zurück zu drängen. Doch an den Universitäten wurde er mit den Zweifeln am geozentrischen Weltbild konfron-

Abb. 3:
Nicolaus Copernicus
(Bildsammlung
D. B. Herrmann)

tiert. Offiziell wurde allerorts das alte System gelehrt, aber auch die Ungereimtheiten kamen zur Sprache. Obschon Copernicus offiziell Kirchenrecht und Medizin studierte, bewegten ihn diese Offenbarungen offensichtlich sehr, wie schon daran zu erkennen ist, dass er bereits als Student die Tafeln von Alfons dem Weisen, die sog. Alfonsinischen Tafeln besessen hat. Als er seine Studien 1496 in Bologna fortsetzte, erfuhr er von weiteren Widersprüchen des alten Systems. Gemeinsame Beobachtungen mit dem führenden italienischen Astronomen Dominico Maria da Novara zeigten ihm, dass die Wirklichkeit nicht zu dem System des Ptolemaios passte. Nach seinem Medizin-Studium in Padua kehrte er in seine Heimat zurück und wurde mit zahlreichen Aufgaben im Dienst der Kirche überhäuft. Regierungsgeschäfte, bei denen er sich sogar mit Problemen des Münzwesens beschäftigen musste, haben ihn aber nicht davon abgehalten, in seinen Mußestunden immer wieder die Frage nach dem richtigen Weltbild zu verfolgen. Schließlich verbreitete Copernicus um 1610 einen handschriftlichen „Kleinen Kommentar" („Commentariolus"), in dem er seine Grundüberzeugung ausdrückte: In der Mitte der Welt steht die Sonne. Alle beobachteten Bewegungen der Himmelskörper sind demzufolge nichts anderes, als eine Folge der Bewegung der Erde um die eigenen Achse und um die Sonne. Das alles musste aber mathematisch durchgearbeitet werden, um gegen Ptolemaios bestehen zu können. Diese Arbeit nahm er auf sich, – sie beschäftige ihn Jahrzehnte. (Abb.4)

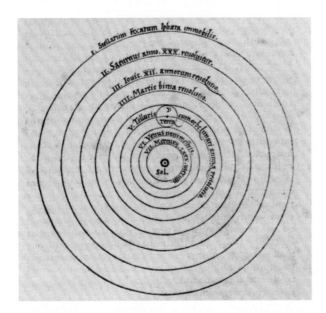

Abb. 4: Das heliozentrische System des Copernicus aus „De revolutionibus orbium coelestium"

Das große Buch erscheint

Zu einer Veröffentlichung konnte sich Copernicus aber lange nicht entschließen. Doch ein junger Gelehrter aus Wittenberg, Joachim Rheticus, der auf Empfehlung Philipp Melanchtons seit 1537 eine Professur für Mathematik in Wittenberg inne hatte, war begeistert von der radikal neuen Denkweise des Copernicus. Bei einer Reise von Rheticus nach Nürnberg scheint der Drucker Johann Petreius Interesse an dem Werk bekundet zu haben. Rheticus fuhr daraufhin nach Frombork und blieb von 1539 bis 1541 bei Copernicus.[3] Er wurde gleichsam sein einziger Schüler. Dort verfasste er auch einen ersten Bericht über das neue Weltsystem. Diese „Narratio Prima", die allenthalben auf Interesse stieß, stimme nun auch Copernicus um und er erklärte sich einverstanden mit der Drucklegung seines Werkes. Diese sollte in Nürnberg erfolgen, aber Copernicus erlitt einen Schlaganfall und konnte sich um die

Angelegenheit nicht mehr kümmern. Rhethicus versprach, an seiner Stelle für die Herstellung des Werkes zu sorgen. Doch er wurde nach Wittenberg zurück beordert und so blieb schließlich nur noch Andreas Osiander, ein Vertrauter von Melanchthon und Luther, der die Drucklegung in Nürnberg vorantrieb.

Dieser setzte nun dem Werk ein zusätzliches Vorwort voran, in dem die Mittelpunktsstellung der Sonne lediglich als eine „Hypothese" bezeichnet wurde. Copernicus war mit Sicherheit anderer Meinung. Außerdem trug dieses Vorwort keinen Verfassernamen, so dass die Leser annehmen mussten, es stamme von Copernicus selbst. So erschien das neue Weltsystem als Buch unter dem Titel „De revolutionibus orbium coelestium" („Über die Umschwünge der himmlischen Kreise") schließlich im Todesjahr 1543 seines Urhebers mit einem Vorwort, das dieser gar nicht verfasst hatte. Copernicus hatte sein Werk Papst Paul III gewidmet und eine ausführliche Vorrede an den Papst geschrieben, die auch in dem Buch enthalten war. Dort spricht er deutlich aus, dass es wohl auch Gegner seiner Hypothese geben würde: „Wenn auch leere Schwätzer auftreten werden, die sich trotz vollständiger Unkenntnis in den mathematischen Fächern ein Urteil über diese anmaßen und wegen irgendeines zu ihren Gunsten übel verdrehten Wortes der heiligen Schrift wagen, mein vorliegendes Werk zu tadeln und anzugreifen, so mache ich mir nichts aus ihnen, sondern werde ihr haltloses Urteil verachten."[4] Und dann folgt der berühmte Satz „Mathematik wird für die Mathematiker geschrieben." Schließlich betont er gegenüber dem Papst den hohen Nutzen seines Werkes für die Kirche, wenn er schreibt: „ ... werden unsere hier vorliegenden Arbeiten auch für das kirchliche Gemeinwesen ... recht nützlich sein. Denn als vor nicht allzulanger Zeit ... die Frage der Verbesserung des Kirchenkalenders beraten wurde, blieb diese einzig und allein aus dem Grunde unentschieden, weil ... die Dauer der Jahre und Monate sowie die Berechnungen der Sonne und des Mondes noch nicht genügend exakt berechnet seien."[5]

Über das Vorwort des Osiander gibt es bis heute Streit. Ihm sollten wir aber zugute halten, dass er auf diese Weise vielleicht der Verbreitung des Werkes den Weg ebnen wollte. Es gab nämlich bereits Diskussionen in Kirchenkreisen, auch unter den Reformatoren – und darauf bezieht sich Copernicus in seiner Vorrede an den Papst – dass eine stillstehende Sonne und eine bewegte Erde im Widerspruch zu den Aussagen im Alten Testament der Bibel in Josua 10, 12–13 stünden, wo Josua die Sonne stille stehen hieß zu Gibeon. Und sie stand auch still „und verzog unterzugehen beinahe einen ganzen Tag". Wenn das wahr ist, musste sich die Sonne zuvor bewegt haben. Deshalb lehnte auch Melanchthon die Mittelpunktsstellung der Sonne im Weltsystem ab. Dennoch äußerte er sich über Copernicus durchaus voller Bewunderung.[6] Die Aussicht, den Kirchenkalender durch genauere Daten in Ordnung zu bringen, wog für ihn schwerer als die gemachte Grundannahme des Copernicus, die ja vielleicht wirklich nur eine Hypothese war.

Luther & Co zu Astronomie und Astrologie

Luther interessierte sich wohl kaum für Copernicus. In der Literatur allerdings wird er meist als ein Gegner des heliozentrischen Weltsystems dargestellt. „Der Narr (Copernicus) will die ganze Kunst Astronomiae umkehren", soll er 1539 in einer seiner Tischreden gesagt haben. Das findet sich als Beleg fast in der gesamten Copernicus-Literatur bis in die neueste Zeit. Werfen wir einen Blick auf die Entstehungsgeschichte der Tischreden, so ergibt sich aber ein anderes Bild. Luther, seine Familie, aber auch Gäste, Studenten, Reisende, die bei ihm zu Tische waren, wurden von Luther mit zahlreichen Aussprüchen zu Fragen des Alltags sowie auch der Theologie konfrontiert. Als nun ab 1531 der Zwickauer Pfarrer Konrad Cordatus längere Zeit als Gast im Hause Luthers weilt, beginnt er, Luthers Ausführungen bereits während der Mahlzeiten systematisch mitzuschreiben und später auch die Mitschriften anderer zu sammeln. Luther ist damit durchaus einverstanden. Als authentische Quelle können die Texte allerdings trotzdem kaum gelten. Erst 1566, also 20 Jahre nach Luthers Tod, brachte der Verleger Aurifaber die Tischreden mit dem Anti-Copernicus-Zitat heraus[7], übrigens zugleich die einzige Erwähnung von Copernicus im gesamten Werk Luthers, das immerhin 120 Bände umfasst (Weimarer Ausgabe, letzter Band 2009). Der lutherische Theologe und Reformator Anton Lauterbach, der zahlreiche Luther-Äußerungen in seinen Tagebüchern festgehalten hat, erzählt nur einmal von Luthers angeblicher Aversion gegen Copernicus und dies auch nur indirekt.[8] Der Name Copernicus fällt dabei ebenso wenig wie die Formulierung „der Narr". Den „Narren" hat offenbar Aurifaber aus Copernicus gemacht, als er dessen Tischreden publizierte. Heute dominiert die Auffassung, dass Luther erst im 19. Jahrhundert zum Antikopernikaner hochstilisiert wurde und zwar durch zwei katholische Gelehrte, die im Kulturkampf zwischen katholischer Kirche und Bismarck die Haltung der katholischen Kirche zum Heliozentrismus durch Hinweis auf Luther relativieren wollte.[9] Das Renommee der katholischen Kirche hatte in der Tat stark gelitten, weil sie das Werk des Copernicus 1616 auf den Index der verbotenen Bücher gesetzt hatte und gegen Galileo Galilei 1632 einen Inquisitionsprozess durchführte, bei dem dieser gezwungen wurde, seiner Überzeugung von der Mittelpunktsstellung der Sonne im Weltganzen abzuschwören. So erscheint die Relativierung im Kirchenkampf mit Bismarck durchaus plausibel, und da kam das Zitat aus der Erstausgabe der Tischreden gerade recht.

Während die heliozentrische Sicht des Copernicus zumindest keine wesentliche Rolle für die Reformatoren und Humanisten sowie die protestantische und zunächst auch die katholische Kirche gespielt hat, gab es dezidierte, aber keineswegs konzertierte Meinungsäußerungen zur Astrologie, der Lehre vom vermeintlichen Einfluss der Gestirne auf das irdische Geschehen. Die Astrologie erlebte besonders im 15. und 16. Jahrhundert eine wahre Blütezeit mit ihren Prognostika, die in jährlich erscheinenden Einblattkalendern und später auch in Buchform veröffentlicht wurden. Dadurch war die Sterngläubigkeit in weiten Teilen des Volkes tief verankert. Diese Kalender enthielten nicht nur Hinweise zum Wettergeschehen, sondern auch Prognosen medizinischer Art sowie die Aussichten für verschiedene Berufsstände usw. Für die Hersteller solcher Kalender stellten sie eine beachtliche Einnahmequelle dar und selbst der wissenschaftlichen Astronomie erwuchs aus der verbreiteten Astrologiegläubigkeit ein nicht zu unterschätzender Vorteil. Die Nachfrage nach möglichst genauen astronomischen Tafelwerken, die nur durch sorgfältige Forschungen zu gewinnen waren, wurden gerade wegen ihrer Verwendung in der Astrologie allseits als wichtig erachtet und deshalb durch weltliche und kirchliche Herrscher gefördert.

Melanchthon (Abb.5), einer der namhaftesten Vertreter von Humanismus und Reformation, war ein entschiedener Befürworter der Astrologie.[10] Er trat mit stark besuchten Vorlesungen in Erscheinung und galt als einer der führenden Astrologielehrer seiner Zeit. Sein Motiv waren dabei weniger die Sterne selbst als vielmehr die Sterne als Anzeiger des göttlichen Willens, als die sie schon bei den Babyloniern und im antiken Griechenland galten. Melanchthon ging es darum, den Willen Gottes aus den Sternen abzulesen, also eine Art „christliche Astrologie" zu begründen. Er übersetzte und kommentierte sogar die astrologischen Schriften des Ptolemaios wie z. B. den „Tetrabiblos".[11] Die Vernunft des Menschen und seine Erfahrung – so sieht es Melanchthon – sind Richtschnur für die Vereinbarkeit von Glauben und Philosophie. Nur auf die Glaubensgrundsätze zu verweisen, reicht ihm nicht. Aus dieser Überzeugung heraus erstellte er auch Horoskope und Prognostika. In-

Abb. 5: Philipp Melanchthon (1497–1560); Gemälde von Lukas Cranach dem Älteren (1552)

teressanterweise verwenden die Anhänger einer christlich geprägten Astrologie, zu denen auch früher schon Thomas von Aquin, Dante, Boccacio und Paracelsus gehört hatten, dieselben Argumente zugunsten der Sterndeutung, die andere zu ihrer Abwehr heranzogen.[12] Dies wird nachdrücklich am Beispiel von Luther deutlich. Nicht die Gestirne, sondern ihr Schöpfer bestimme die Geschicke der Welt und des Menschen, war sein Credo. Als bei einer seiner Tischrunden verschiedene Horoskope gezeigt wurden, darunter jenes von Cicero sowie das von Luther selbst, kommentierte er dies mit den Worten: „Ach der Himmel fraget nach dem nit. Unser Herr Gott fraget auch den Himmel nit."[13] Noch deutlicher äußerte er sich bei anderer Gelegenheit: „Niemand, auch nicht Paulus, kein Engel vom Himmel und ganz und gar nicht Philippus (Melanchthon) kann mich dazu bringen, den Weissagungen der Astrologie zu glauben. Sie sind so oft falsch gewesen, dass es gar nichts Unzuverlässigeres gibt." „Der Sternenglaube ist Aberglaube, denn er ist gegen das erste Gebot."[14] Mit diesem Urteil trifft sich Luther – sicher ohne es zu wissen – mit Copernicus. Auch er hat von Astrologie nichts gehalten und in seinen Werken kommt sie überhaupt nicht vor.[15]

Daraus allerdings eine generelle Haltung von Reformatoren, Humanisten und Katholizismus abzuleiten, wäre zu undifferenziert. Das zeigen bereits die stark divergierenden Auffassungen von Melanchthon, Luther und anderen, aber später auch das Verhältnis von Johannes Kepler zur Astrologie. Astrologie war damals zweifellos noch Teil des Denkgebäudes von Astronomie. Der eigentliche Verfall der Astrologie durch einen grundlegenden Meinungswandel in der Gelehrtenwelt erfolgte erst in der Barockzeit, also zwischen Renaissance und Aufklärung. So war z.B. Kepler aktiv als Astrologe tätig und sah die Astrologie durchaus als eine Wissenschaft an. Für ihn wirkten die Planeten auf die sublunare Natur, allerdings nicht auf magische Weise, sondern psychisch. Die der menschlichen Seele eingeprägten Urbilder sollten durch natürliche Einflüsse der Gestirne stimuliert werden. Schon im Titel seiner umfänglichen Schrift „Warnung an die Gegner der Astrologie"[16] ermahnt Kepler die Theologen und Philosophen „bey billicher Verwerffung der Sternguckerischen Aberglauben nicht das Kindt mit dem Badt" auszuschütten.

Der Katholizismus begann allerdings im 16. Jahrhundert damit, eine generelle Ablehnung der Astrologie nicht nur zu formulieren, sondern nach der Prämisse „Astrologie oder christlicher Glaube" in seinem Einflussbereich auch durchzusetzen. Das war anfangs noch anders gewesen. Zahlreiche namhafte katholische Gelehrte, darunter auch Apianus, waren Anhänger der Astrologie gewesen, ohne sich der Absicherung ihrer Haltung etwa durch

Bibeltexte zu vergewissern. Doch während der Gegenreformation kam es zu regelrechten „katholischen Edikten gegen die Astrologie". Papst Sixtus V. (1586) ebenso wie Papst Urban VIII. (1631) haben die Astrologie in päpstlichen Bullen verdammt. Die Argumentation glich faktisch derjenigen von Luther, der seinerseits über Astrologie nicht wesentlich anders dachte als der katholische Priester und große Humanist Erasmus von Rotterdam, der jedoch wiederum die Reformation ablehnte.[17] Nicht die Gestirne beherrschen die Erde, sondern allein Gott. Bei den frühen Humanisten wie z. B. schon bei Dante Alighieri oder Boccaccio kam als starkes Argument gegen den astralen Determinismus der Sterndeutung auch die humanistische Überzeugung von der Freiheit des menschlichen Willens hinzu.[18] Diese Argumentation finden wir später auch bei dem namhaften Astrologiegegner und humanistischen Philosophen des 15. Jahrhunderts Giovanni Pico della Mirandola, der die Würde und Willensfreiheit des Menschen hervorhob, die verloren ginge, wenn er zum Sklaven himmlischer Kräfte gemacht würde. Die römisch-katholische Kirche sah aber gerade in der Willensfreiheit eine Gefahr, so dass sie das Erstellen von Horoskopen schließlich ausdrücklich verbot. Wie widersprüchlich und prozesshaft diese Entwicklung in der Praxis verlaufen ist, ersieht man an Keplers astrologischem Wirken, denn Kepler war am Hofe Kaisers Rudolph II. in Prag und damit an einem Zentrum des Katholizismus tätig.

Zum Schluss allerdings bekämpfte die römisch-katholische Kirche sowohl die Astrologie als auch die neue Astronomie des Heliozentrismus mit aller Vehemenz. Insofern schließt sich der Kreis, denn Luther war es – fast möchte man sagen: verständlicherweise – von Anfang an so ergangen. Papst Leo X. hatte 1520 eine Bannandrohungsbulle gegen ihn erlassen und die Rücknahme von 41 seiner Thesen verlangt.[19] Luther antwortete stolz und selbstbewusst mit 30 Thesen gegen die Bulle in seiner Schrift „Von der Freiheit eines Christenmenschen"[20], die heute zu den bedeutendsten reformatorischen Schriften Luthers zählt. So folgte die Bannbulle mit Luthers Exkommunikation aus der katholischen Kirche und Copernicus landete mit seinem Buch „Über die Umschwünge der himmlischen Kreise" rd. 100 Jahre später auf dem Index der verbotenen Bücher der katholischen Kirche, wo das Werk bis gegen Mitte des 19. Jahrhunderts verblieb. Luther allerdings hatte den Konflikt durchleben müssen, während Copernicus längst tot war, als die heftigen Reaktionen aus Rom gegen sein Werk einsetzten.

Den Fortgang der Astronomie allerdings haben diese restriktiven Maßnahmen nicht aufhalten können. Mit Galilei, Kepler und schließlich Newton wurde die heliozentrische Lehre weiter ausgebaut – durchweg von tiefgläubigen Christen! Endlich 1838 gelang es dem Astronomen Friedrich Wilhelm Bessel, zum ersten Mal eine Fixsternparallaxe zu messen.[21] Jene winzige periodische Verschiebung eines Sternortes infolge der Bewegung der Erde um die Sonne hatte das wissenschaftliche Hauptargument gegen Copernicus gebildet. Er hatte damals völlig zu Recht entgegnet, die Entfernungen der Fixsterne wären viel zu groß, um die winzigen zu erwartenden Verschiebungen mit den zeitgenössischen Hilfsmitteln nachweisen zu können.

Anmerkungen

[1] Gegenüber dem mündlichen Vortrag sind in dieser Textfassung auch die Hinweise eingearbeitet, die sich aus der Diskussion nach dem Vortrag ergaben, insbesondere die Anregungen von Ulrich Bubenheimer und Dieter Fauth, für die ich herzlich danke.
[2] Ptolemäus 1963
[3] Vogler 2012, S. 393–416
[4] Copernicus 1994, S. 309
[5] Copernicus 1994, S. 309
[6] Scheible 1997, S. 96 f.
[7] Aurifaber 1566
[8] Hamel 1994, S. 203
[9] Kleinert 2003, S. 101–111
[10] Kobler 2014, S. 427 ff.
[11] Ptolemäus 1923
[12] Böhringer 1986, S. 34 ff.
[13] Lämmel 1984, S. 303
[14] Aland 1984
[15] Nobis und Folkerts, 1998, S. 179
[16] Kepler 1971
[17] Brosseder 2014, S. 281 f.
[18] Götze 2004, S. 81 ff.
[19] http://www.efg-hohenstaufenstr.de/downloads/texte/exsurge_domine_dt.html
[20] http://gutenberg.spiegel.de/buch/martin-luther-sonstige-texte-270/6
[21] Herrmann 1990, S. 32 ff.

Literatur

ALAND, KURT (Hrsg.), *Luther Deutsch. Die Werke Martin Luthers in neuer Auswahl für die Gegenwart*, Bd. 9, Göttingen 1983 S. 219 (4.A.)

AURIFABER, JOHANNES, *Colloquia oder Tischreden Doctor Martini Lutheri* etc., Eisleben 1566

BÖHRINGER, SIEGFRIED, *Astrologie heute, Evangelische Zentralstelle für Weltanschauungsfragen* (EZW-Texte), Information Nr. 97 IV 1986

BROSSEDER, CLAUDIA, *Im Bann der Sterne. Caspar Peucer, Philipp Melanchthon und andere Wittenberger Astrologen*, Berlin 2004

COPERNICUS, NICOLAUS, *Nicolaus Copernicus, Vorrede an Seine Heiligkeit, Papst Paul III.*, zu den Büchern von den Umschwüngen des Nicolaus Copernicus, zit. nach Jürgen Hamel, Nicolaus Copernicus, Heidelberg, Berlin, Oxford 1994

GÖTZE, OLIVER, *Der öffentliche Kosmos: Kunst und wissenschaftliches Ambiente in italienischen Städten des Mittelalters und der Renaissance*, München 2004

HAMEL, JÜRGEN, *Nicolaus Copernicus. Leben, Werk und Wirkung*, Heidelberg, Berlin, Oxford 1994

HERRMANN, DIETER B., *Kosmische Weiten. Kurze Geschichte der Entfernungsmessung im Weltall*, 3. A., Frankf./M. 1990

KEPLER, JOHANNES, *Warnung an die Gegner der Astrologie* (hg. v. Fritz Krafft), München 1971

KLEINERT, ANDREAS, *Eine handgreifliche Geschichtslüge. Wie Martin Luther zum Gegner des copericanischen Systems gemacht wurde*, Berichte zur Wissenschaftsgeschichte 26 (2003), Ausg. 2

KOBLER, BEATE, *Die Entstehung des negativen Melanchthon-Bildes*, Tübingen 2014

LÄMMEL, KLAUS, *Luthers Verhältnis zu Astronomie und Astrologie (nach Äußerungen in Tischreden und Briefen)*, GERHARD HAMMER u. KARL-HEINZ ZUR MÜHLEN (Hrsgb.), *Lutheriana*, Köln-Wien 1984

LEO X, Bannandrohungsbulle *„Exsurge Domini"* gegen Martin Luther vom 15. Juni 1520

http://www.efg-hohenstaufenstr.de/downloads/texte/exsurge_domine_dt.html

LUTHER, MARTIN, Von der Freiheit eines Christenmenschen, Wittenberg 1520
http://gutenberg.spiegel.de/buch/martin-luther-sonstige-texte-270/6

NOBIS, HERIBERT und MENSO FOLKERTS (Hrsg.), *Nicolaus Copernicus*, Gesamtausgabe Bd. III, FELIX SCHMEIDLER, Kommentar zu „De Revolutionibus", Berlin 1998, S. 179

PTOLEMÄUS, CLAUDIUS, *Tetrabiblos*. Nach der von Philipp Melanchthon besorgten seltenen Ausgabe aus dem Jahre 1533. Dt. von M. ERICH WINKEL, Berlin 1923

PTOLEMÄUS, CLAUDIUS, *Handbuch der Astronomie*, 2 Bde., Dt. Übersetzung u. Anmerkungen von K. MANITIUS, Vorwort und Berichtigungen von O. NEUGEBAUER, Leipzig 1963

SCHEIBLE, HEINZ, *Melanchthon. Eine Biographie*, München 1997

VOGLER, GÜNTER, *Nicolaus Copernicus in den geistigen Auseinandersetzungen seiner Zeit*, In: MARION DAMMASCHKE (Hrsg.), *Signaturen einer Epoche*, Berlin 2012

DIETER FAUTH

Sichtweisen auf Juden und Judentum in der Reformationszeit

Ich gebe mich nur kurz mit einem negativen Beispiel ab, und zwar dem auf protestantischer Seite vermutlich krassesten: Martin Luther (1483–1546). Diese Vorgänge bieten nämlich keinerlei konstruktive Ansätze. Hauptsächlich soll der Jurist, Humanist und Hebraist Johannes Reuchlin (1455–1522) zur Sprache kommen. Er gibt ein Beispiel, wie auch in der frühen Neuzeit Deutungsmacht – um auf die Zentralkategorie des vorliegenden Buches zu reflektieren – nicht mit Verfolgung, Unterdrückung und dem Dominieren des weniger Mächtigen ausgelebt werden muss. Vielmehr wird Deutungsmacht von Reuchlin genutzt, um Sachverhalte auch aus der Perspektive des Anderen wahrzunehmen und Ansätze von Verstehen sowie eines dialogischen Verhältnisses zu entwickeln.

Martin Luther

Doch wenden wir uns zuerst – nicht wollend wollend – kurz der Finsternis eines Martin Luther zu. Im Leben Luthers gibt es ungezählte Vorgänge antijudaistischer Äußerungen und Handlungen. Berühmt-berüchtigt geworden sind zwei Texte von 1523 (*Dass Jesus Christus ein geborener Jude sei*) und 1543 (*Von den Juden und ihren Lügen*). Der Abdruck solcher Luthertexte wird hier vermieden.[1] Eine kurze Reflektion wird aber geboten.

Im Schreiben von 1523 werden ‚die Juden' für den Kampf gegen die altgläubige Kirche[2] instrumentalisiert; darüber hinaus auch für die ‚innere Mission' des Christen. Das heißt, Juden werden den Christen als vermeintliches Vorbild vor Augen gestellt, damit aus Christen bessere Christen werden mögen. Begleitet ist dies von einer auffallend devoten Haltung Luthers, die freilich in keiner Weise durch Überzeugungen Luthers gedeckt war. Vielmehr begegnet Devotion hier als (nur spärlich) versteckte Aggression. Aus dieser künstlichen Überhöhung des Juden in einer rein rhetorischen Form wird 1543

101

offene Aggression in brutalster Form. Wenn diese Vorschläge Luthers von einem politischen Machtapparat aufgegriffen werden könnten, hätten wir die Verhältnisse des Nationalsozialismus. Was war in den 20 Jahren von 1523 bis 1543 geschehen? Luthers Frustration über einen mangelnden Erfolg der Judenmission ist gewachsen. Luther hat gegen andere Bevölkerungsgruppen – 1524/25 gegen die Bauern[3] und 1530–1535 gegen die Täufer – mit großer Wirkung inzwischen zu Massenmorden aufgerufen und war entsprechend brutalisiert. Luthers Hebräischkenntnisse haben sich verbessert, so dass er wahrnahm, wie sehr seine Exegese des Alten Testaments von der jüdischen Exegese abwich. Insgesamt gesehen ist Luthers Haltung 1523 und 1543 im Kern dieselbe; von einem Gesinnungswandel kann keine Rede sein.

Wenn ich die Betrachtung Luthers mit diesen kurzen Ausführungen abschließe, wird damit Luthers Judenhass nicht als abgegrenzter, womöglich marginaler Bereich in seinem Schaffen gesehen, in dem ein Modernist „eben" mittelalterlich verhaftet geblieben war. Die konsequente Intoleranz im Leben Luthers war der Nährboden z. B. für die lutherische Hochorthodoxie des 17. Jahrhunderts mit einem dreißigjährigen Konfessionenkrieg und bietet z. B. auch den Hintergrund für das weit verbreitete Pluralismusdefizit bei Funktionsstellenträgern in den evangelischen Kirchen von heute. Letzteres gilt meines Erachtens „aufs Ganze" gesehen und es sollte hier immer zuerst und vor allem die einzelne Amtsperson gesehen werden.

Johannes Reuchlin

Kommen wir zu Reuchlin. In vorliegendem Band folgt ein Beitrag von Alejandro Zorzin, in dem uns Reuchlins Polemik gegen den Antijudaismus im altgläubigen Lager noch begegnen wird.

Persönliche Begegnungen

Zuerst sei jetzt festgehalten, dass Reuchlin Begegnungen und damit eigene Erfahrungen mit Juden hatte. Es ist ja bis heute so, dass Leute, die nur *über* ihr Gegenüber, aber nicht *mit* ihm reden, die allergrößten Vorurteile pflegen. Reuchlin aber ist 1486 als Schüler eines nicht näher bekannten Juden Calman belegt, tauschte sich vor 1492 am Hof von Kaiser Friedrich III. (1415–1493) in Linz „im Verlauf vieler Gespräche" (Reuchlin) mit jüdischen Gelehrten über das jüdische Schrifttum aus, hatte 1492 Begegnungen mit dem jüdischen Leibarzt von Friedrichs Sohn und Nachfolger Maximilian I. (1459–1519) mit Namen Jakob Jehiel Loans, bekannt als Paulus Riccius († 1506). Ihn bezeichnet Reuchlin sogar als seinen „Lehrer" (*praeceptor*). 1498 wird Reuchlin dann als Schüler des Kabbalisten Owadja Sforno (1475–1550) in Rom greifbar. Insgesamt handelt es sich um intellektuell bestimmte Kontakte, wobei freilich auch Reuchlin jüdische Religion, jüdisches Brauchtum und Kultur vor allem als Bücherwissen bekannt ist.

Neuplatonismus

Reuchlin wirkte 40 Jahre als Jurist in Stuttgart. Jurist war er, um seine bürgerliche Existenz zu sichern. Sein Herz gehörte der humanistischen Forschung. Als (altgläubiger) Humanist ging er auch in die Geschichte ein. Mit seinem hebräischen Wörterbuch war er neben dem hier vielleicht bedeutsameren Sebastian Münster (1488–1552) Mitbegründer der modernen Hebraistik. Doch auch auf diesem Gebiet lag nicht sein Hauptinteresse. Dies galt der christlichen (!) Kabbala und Theosophie. Als Theosoph brachte er jüdisches Glaubensgut, das bereits dort im Bereich der ‚Esoterik' angesiedelt ist, also die Kabbala, in das Christentum.

Zu solchem Dialog der Religionen war er durch Nikolaus von Kues (1401–1464) geprägt, dessen Schrifttum er als Student der Pariser Sorbonne kennenlernte. Von ihm übernahm er folgendes spekulative System (s. Abb. 1).

Das System ist neuplatonisch, insofern es eine Stufenlehre darstellt, nach der alle Wirklichkeit reiner, höchster und göttlicher Wahrheit entspringt und stufenförmig bei zunehmender Konkretion an göttlichem Wahrheitsgehalt abnimmt. Doch auch in der nicht beseelten Schöpfung bleibt Gott (be)greifbar. Die Lebensaufgabe des Menschen ist es, den Weg hinauf zur widerspruchslosen göttlichen Wahrheit zu finden. Entsprechend sind alle Religionen nur kulturelle Ausdifferenzierungen dieses Höchsten bzw. – mit Nikolaus – „gewisse Reden Gottes oder der ewigen Vernunft".

Vor dem Hintergrund dieses Denksystems erschloss sich Reuchlin die jüdische Geheimlehre, die Kabbala, während drei Italienreisen über den Florentiner Neuplatonismus. Hervorzuheben ist Graf Giovanni Pico della Mirandola (1463–1494). Was Nikolaus auf dem Gebiet der Theologien anstrebte, wollte Pico bei den Philosophen: eine Synthese aller Systeme und die Rekonstruktion einer universellen Weisheit. Pico bemühte sich um die Ver-

Abb. 1: **(Vereinfachendes) Schaubild des spekulativen Systems von Nikolaus.**

einbarkeit des scheinbar Unvereinbaren in der *Summa* menschlicher Erkenntnis und erhoffte sich davon einen Weltfrieden, die *pax philosophica*. Auch Widersprüche zwischen jüdischer und christlicher Religion erschienen ihm nur scheinbar und äußerlich. Reuchlin besuchte Pico in Florenz und studierte ihn später in Paris an der Sorbonne, dort wo er auch Nikolaus hörte.

In die Kabbala ging das neuplatonische Denksystem in Form des stufenförmig gebauten Lebensbaumes ein. Sehr berühmt geschieht dies in der *Portae Lucis* des Joseph ben Abraham Gikatilla (1248–1305), die vom oben

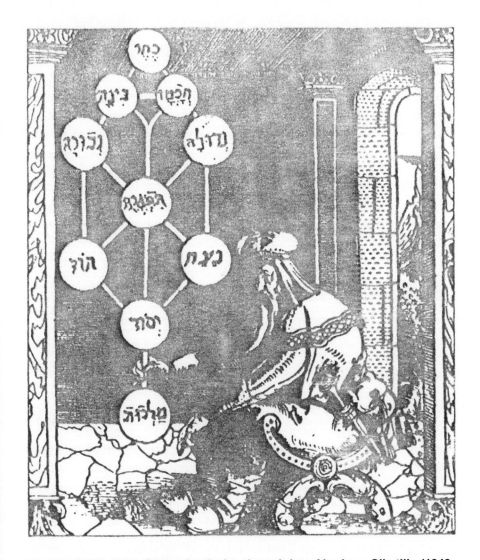

Abb. 2: Titelblatt der *Portae Lucis* des Joseph ben Abraham Gikatilla (1248–1305) lat. hrsg. von Paulus Riccius, 1516

erwähnten „Lehrer" Reuchlins mit Namen Paulus Riccius 1516 lateinisch übersetzt und herausgegeben wurde. Abgebildet ist das Titelbild dieser Ausgabe (Abb. 2).

Der Kabbalist hält den Lebensbaum mit seinen 10 „Sephoren" (arabisch: Ziffern; griechisch: Sphären) an göttlicher Reinheit abnehmender Gestaltungen.⁴ In der ältesten erhaltenen Schrift der Kabbala aus dem 11. Jahrhundert liest sich die Beschreibung dieses Lebensbaumes so: „Als ... der Verborgene aller Verborgenen eine Form annahm, erschuf Er alles in männlicher und weiblicher Form, da Dinge in keiner anderen Form eine Fortsetzung finden können. Daher strahlte Weisheit, die zweite Sephira ... in männlich und weiblich aus, denn Weisheit weitete sich aus und Verstehen, die dritte Sephira, ging aus ihr hervor, und so wurden männlich und weiblich erlangt, nämlich Weisheit, der Vater, und Verstehen [3. Sephira], die Mutter." Aus deren Vereinigung würden durch Ausstrahlung die weiteren Sephira rühren, nämlich Gnade und Liebe, Stärke und Gerechtigkeit, Schönheit und Mitleid, Beständigkeit, Majestät, das Fundament (= die Welt) und schließlich darin das Königtum.⁵ Lesen wir vor diesem Hintergrund vom Stufendenken 500 Jahre später bei Reuchlin: „Verbunden wird die Gottheit durch den Glauben mit dem Geist, wie der Geist mit dem Intellekt, der Intellekt mit der Aufmerksamkeit, die Aufmerksamkeit mit dem Bild, dieses mit der Sinneswahrnehmung, diese mit den Sinnen, diese schließlich mit den Dingen und zwar immer so, wie die höhere Kraft durch die einzelnen niederen Dinge entsprechend dem Fassungsvermögen bis zu den untersten fließt."⁶

Christliche Kabbala

Ein Vergleich beider Zitate kann zu dem Eindruck führen, dass Reuchlin jüdisches Gedankengut verchristlicht, etwa durch die Hochschätzung von Bildern. Dieses, aus heutiger Perspektive gelingender Interreligiosität, problematische Streben nach Verchristlichung des Anderen begegnet auch sonst im kabbalistischen Denken bei Reuchlin. Der Kabbalist meint, dass *im* hebräischen Bibelwort eine göttliche Geheimlehre verborgen sei. In den Buchstaben des Bibeltextes verberge sich das Mysterium der Gottesoffenbarung. Gott selbst rede hebräisch. Im Gegensatz zur herkömmlichen Philologie, die ja auch ganz penibel Sprache und Worte als Basis von Erkenntnis nimmt, geht es Reuchlin nicht um den Inhalt der Worte, also nicht um die *Substanz* von Worten, sondern um die Wort*formen* bis hin zu Buchstabenformen. Ein Beispiel gibt Reuchlins Umgang mit dem im Hebräischen unnennbaren Namen Gottes: JHVH, ein ohne Vokale unaussprechbares Tetragramm für ‚Jahwe'. Jüdisches Geheimwissen wird von Reuchlin nun mit dem christlichen Glauben verbunden. Er nimmt in den unaussprechlichen Gottesnamen ein „S" („Sch") auf und bildet damit ein aussprechbares Pentagramm JHSVH für

Abb. 3: Titelblatt der *Kabbala denudata* des Christian Knorr von Rosenroth (1639–1689)

‚Jesus'. Damit wird für Reuchlin der Name Gottes in der neuen Buchstabenfolge aussprechbar, wie entsprechend der unsichtbare Gott in Jesus Fleisch geworden ist: „Als der Logos ins Fleisch hinabstieg, da gingen die Buchstaben in ein klingendes Wort über."[7] Reuchlin ist also der Meinung, was vorher im Judentum verborgen und unaussprechbar schon vollständig da war, wird durch Christus enthüllt, geoffenbart und aussprechbar.

Die bei Reuchlin beschriebene Vereinnahmung des Jüdischen begegnet später auch bei dem christlichen Kabbalisten Christian Knorr von Rosenroth (1636–1689). Abgebildet ist das Titelblatt von dessen Sammlung jüdischer und christlicher kabbalistischer Texte mit dem Titel *Kabbala denudata* (= das enthüllte Verborgene/das eröffnete Geheimnis; s. Abb. 3).

Wie im zuvor bedachten Titelbild der *Portae Lucis* geht es um den Lebensbaum mit seinen 10 Sphären, der jetzt inmitten der Sonne zu sehen ist. Anstelle des Kabbalisten findet sich jetzt eine Frau als Allegorie für die Kabbala. Wieder sehen wir den *Palatium Arcanorum*, das mit dem Schlüssel der (weiblichen) Kabbala bereits geöffnete Tor zum Palast der Geheimnisse (in dem sich die heilige Schrift oder/und das ‚Buch der Natur' oder/und die klassisch-antike Literatur befindet; im letzten Fall wäre der Palast evtl. die klassisch-antike Philosophenschule). Ein neuplatonischer Kontext ist im Titelbild der *Portae Lucis* in den stufenförmig angeordneten Sphären des Lebensbaumes entsprechend den absteigenden Gestaltwerdungen (*Emanationen*) allen Seins geboten. Dieser neuplatonische Kontext kommt im Titelbild der *Kabbala denudata* zusätzlich im Motiv der Sonne zum Ausdruck. Die Sonne (Gottheit) mit ihrer Wärme (Wahrheit) und ihren Strahlen abnehmender Helligkeit (*Emanationen*) durchbricht nicht nur die Wolkendecke, sondern bringt auch die Frau dazu, sich zu entkleiden. Hauptbotschaft des Bildes ist damit die Enthüllung des Verborgenen. Wie bei Reuchlin wird auch jetzt die Kabbala wieder als verborgene, geheime Lehre im Judentum bekannt gemacht, die durch Überleitung ins Christentum ihre Wahrheit erst eröffnet. Die Erhellung des Verborgenen kommt auch durch Hell-dunkel-Kontraste als bestimmendem Gestaltungselement des Titelbildes zum Ausdruck, wie das auch im Titelbild der *Portae Lucis* schon zu sehen war.

Schon Reuchlin sagte: „Es gibt zu dieser Zeit [sc. des jüdischen Glaubens] keinen Hebräer, den die Gewalt der Worte begleiten will." Und weiter: „Jene heilbringende Gewalt der Worte, die euch [Juden] verlassen hat, hat uns [Christen] erwählt, begleitet uns, gehorcht, wie man sieht, unserem Befehl."[8] Dies entspricht dem antijudaistischen Stereotyp, dass im neuen Bund in Christus die Erwählung vom jüdischen Volk auf das Christenvolk übergegangen

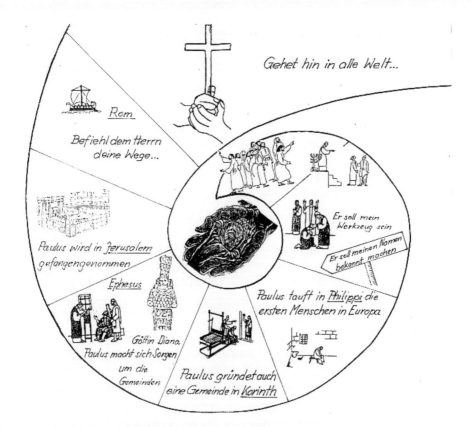

Abb. 4: Vorlage aus einem Religionsunterricht

sei. Demnach hatten auch Juden schon die ganze göttliche Wahrheit. Soweit – und das ist für die Reformationszeit und für das 17. Jahrhundert sehr weit – ist Reuchlin philosemitisch. Aber die Juden hätten die Wahrheit nur verborgen. Soweit blieb Reuchlin antijudaistisch.

Das beschriebene antijudaistische Stereotyp ist bis heute als unreflektierte Haltung verbreitet. Betrachten wir dazu ein Beispiel aus dem heutigen christlich-konfessionellen Religionsunterricht (Abb. 4).

In Form eines Schneckenhauses sind Stationen der Apostelgeschichte dargestellt, die sich in den christlichen Missionsbefehl ausweiten. Am Anfang dieser Entwicklung findet sich Abraham, geborgen in der Hand Gottes. Er ist zwar der Ausgangspunkt, der die dargestellte Apostelgeschichte erst ermöglichte, aber im Innersten des Schneckenhauses platziert, am dunkelsten Ort. Auch hier wird also unausgesprochen vermittelt, wie das dunkle Jüdische durch das Christliche ans Licht kommt.

Blick auf das gesamte jüdische Schrifttum

Bisher wurde beispielhaft lediglich die Auseinandersetzung Reuchlins mit *einer* Textgattung des Judentums, der Kabbala, geboten. Im Folgenden soll es um Reuchlins Verhältnis zur Gesamtheit jüdischer Überlieferung gehen. Hierzu gibt es einen Vorgang, den sogenannten Reuchlinstreit, einen Streit mit dem konvertierten Juden und entsprechend eifrigen Judenhasser Johannes Pfefferkorn (1469–1521).

Zunächst folgt eine kurze Schilderung der Begebenheiten: 1505 forderte Pfefferkorn in Köln zur Vernichtung des Talmuds im ganzen Reich auf. Dabei war er von den Kölner Dominikanern protegiert (Die Dominikaner waren schon seit dem Mittelalter als besonders eifrige Verfolger von Andersgläubigen, Häretikern und Schismatikern, bekannt und führend bei der Inquisition der altgläubigen Kirche. Mit einem Wortspiel gingen sie daher auch als domini canes (= Hunde des Herrn) in die Geschichte ein.). Über den Dominikanerorden erwirkte Pfefferkorn von Kaiser Maximilian I. ein Mandat zur Vernichtung der jüdischen Bücher im Reich. Die Frankfurter jüdische Gemeinde und der Erzbischof von Mainz (!) Jakob von Liebenstein (1462–1508; reg.: 1504–1508) protestierten.[9] Daraufhin holte Maximilian verschiedene Gutachten über die Güte der jüdischen Bücher ein, u. a. auch von Reuchlin. Reuchlin hat darauf in einem Gutachten umfassend geantwortet, indem er grundsätzliche Ausführungen gab sowie das jüdische Schrifttum nach Textgattungen ordnete und jede Textgattung einzeln reflektierte.[10]

Mit drei Zitaten aus diesem Gutachten sei Einblick in die Argumentationsstruktur Reuchlins gegeben: „Wollte einer gegen die Mathematiker schreiben und wäre ohne Kenntnisse in der Mathesis oder Mathematik, so würde er zum Gespött der Leute. Ebenso einer, der mit den Philosophen disputieren wollte und die Methoden und Lehren der Philosophie nicht kannte. ... Dagegen könnte einer einwenden: Es ist für mich nicht notwendig, den Talmud zu verstehen, da so viele Schriften gegen die Juden gedruckt werden, worin man lesen kann, dass der Talmud etwas Böses ist ... Nun ist es ein allgemein bekanntes Sprichwort: Man soll auch den andern Teil anhören. Darum ist es Rechtsgrundsatz, dass man nichts verwerfen und niemanden verurteilen darf, wenn man nicht zuvor alle Umstände gründlich und ausreichend erkundet hat. Und selbst wenn keine der streitenden Parteien solches angeregt oder von ihm [sc. dem Richter] begehrt hätte, so muss er dennoch von sich aus alle Sorgfalt daran wenden, Recht und Unrecht der beklagten Partei zu erforschen und zu erfahren."[11] Hier spricht der Jurist. Aber auch Reuchlins Liebe zur

Philologie kommt in diesem Gutachten zum Tragen: „Bei dieser Gelegenheit möchte ich mir erlauben mit aller gebotenen Zurückhaltung darauf hinzuweisen, dass man in unserm christlichen Glaubensbereich sehr viele Gelehrte findet, die aus Unkenntnis dieser beiden Sprachen [sc. hebräisch, griechisch] die heilige Schrift nicht richtig erklären und darüber gar oft zum Gespött werden. Darum soll man die Kommentare und Glossen der Leute, die ihre Muttersprache von Jugend auf gründlich gelernt haben [sc. die jüdischen Gelehrten], keineswegs unterdrücken, sondern, wo immer solche existieren, sie zugänglich machen, pflegen und in Ehren halten, als Quellen, aus denen der wahre Sinn der Sprache und das Verständnis der heiligen Schrift uns zufließt. Deshalb sagt das kanonische Recht: ‚Viele von den unsern haben vieles gesagt, das sich gegenseitig widerspricht. Darum sind wir genötigt und gezwungen, zu den Juden zu gehen und das wahre Wissen weit richtiger an der Quelle als in den Abflüssen zu suchen." Schließlich ist außer der Rechtswissenschaft und der Philologie auch die Philosophie für Reuchlins Einschätzung jüdischen Schrifttums bedeutsam. „Die Wirkung auf ein Ding ist stärker, wenn es dafür vorbereitet ist. Soll ich nun einem vernünftigen Menschen etwas glaubhaft machen, so muss ich es seinem Verstand in einer Weise darbieten, dass seine Vernunft nicht davor zurückschreckt, damit sich sein freier Wille bei kritischer Überlegung mehr auf diese Seite neige, denn auf die andere. Und wenn eine Frage auf solche Weise einleuchtend gemacht ist, so fallen Wille und Einsicht zusammen und daraus wird Glaube …".

Reuchlins Gutachten von 1510 hatte enorme Wirkung. Das Laterankonzil von 1512 bis 1517 sprach sich zugunsten Reuchlins aus. Verbote des Talmuds wurden aufgehoben. Das Interesse am jüdischen Schrifttum war in humanistischen Kreisen geweckt. 40 Jahre lang hatten die jüdischen Gelehrten im Reich den Rücken frei. Dann, 1553/54, kam es unter Papst Julius III. (1487–1555) wieder zu Bücherverbrennungen großen Stils.

Aufgeklärte Wissenschaft nach der Aufklärung?

Reuchlin hat versucht, das jüdische Schrifttum unter Rückgriff auf bestimmte Wissenschaftsdisziplinen zu schützen. Er kann daher heute durchaus als Voraufklärer gesehen werden. Erkenntnisleitend wurden die Wissenschaften dann vollends ab der Aufklärung. Schauen wir daher abschließend in einem Ausblick über die Reformationszeit hinaus, was die Aufklärung – in der Tradition des Humanismus – zum Umgang mit dem Antijudaismus erbracht hat. Die Aufklärung war ein Türöffner für die Judenemanzipation im 19. Jahrhundert und das damalige Postulat von der Gleichheit aller Menschen. Doch hat die Aufklärung mit vielen antijudaistischen Standpunkten sogenannter aufgeklärter Wissenschaftler des 19. Jahrhunderts zum Beispiel (!) in Philosophie, Theologie und Soziologie den Antijudaismus auch wissenschaftlich verbrämt in die Moderne weiter getragen.

Im Folgenden seien Beispiele für antijudaistische Standpunkte unter anderem von jeweils einem führenden Denker aus den drei genannten Wissenschaftsdisziplinen genannt; zunächst aus dem Bereich der Philosophie antijudaistische Positionen von Georg Wilhelm F. Hegel (1770–1831). Als Idealist beklagt Hegel vor allem, wie im Judentum vermeintlich geistige und ideelle Inhalte zu handhabbaren Gesetzen und Geboten verkommen seien. Er beklagt den „traurige[n] Zustand der jüdischen Nation – einer Nation, die ihre Gesetzgebung von der höchsten Weisheit selbst ableitete, und deren Geist nun unter der Last statuarischer Gebote zu Boden gedrückt war, die pedantisch jeder gleichgültigen Handlung des täglichen Lebens eine Regel vorschrieben, und der ganzen Nation das Ansehen eines Mönchsordens gaben, – so wie sie das Heiligste, den Dienst Gottes und der Tugend in toten Formularen geordnet und eingezwängt hatten und dem Geist nichts als noch den Stolz auf diesen Gehorsam der Sklaven gegen sich nicht selbst gegebene Gesetze übrig ließen …"[12] Im Weiteren unterscheidet Hegel zwischen dem Alten Testament, das zum größten Teil „eigentliche Geschichte" sei und dem Neuen Testament, das „Glaubenspflicht" auf sich habe. Das Alte Testament sei „unsern Sitten, unsrer Verfassung, der Kultur unserer körperlichen und Seelenkräfte fremd" und „für jeden, der anfängt aufgeklärt zu werden" sei dieses Buch „ungenießbar".[13] Auch in den christlich-konfessionellen Theologien gibt es ungezählte Beispiele antijudaistischer Standpunkte. Erneut wird nur ein Beispiel eines Hauptvertreters geboten. Bei Adolf von Harnack (1851–1903) begegnen 1899/1900 wieder die zwei antijüdischen Stereotypen vom verdunkelten und vom gesetzlich-toten Glauben: „Die reine Quelle des Heiligen [sc. der Pentateuch] war zwar längst erschlossen, aber Sand und Schutt [in Form der jüdischen Religion] war über sie gehäuft worden und ihr Wasser war verunreinigt. ... Schwächlich war alles geblieben, und weil schwächlich, darum schädlich."[14] Und zwei Seiten weiter: „Sie [die Juden] dachten sich Gott als den Despoten, der über dem Zeremoniell seiner Hausordnung wacht, er [sc. Jesus] atmete in der Gegenwart Gottes. Sie sahen ihn nur in seinem Gesetze, das sie zu einem Labyrinth von Schluchten, Irrwegen und heimlichen Ausgängen gemacht hatten, er sah und fühlte ihn überall …"[15] Hier begegnen erneut die beiden antijudaistischen Stereotypen vom verdunkelten und vom gesetzlich-toten Glauben. Weiterhin sei angedeutet, wie Antijudaismen über die materialistisch ausgerichtete Aufklärung in die Soziologie und ihr verwandte Gesellschaftslehren Eingang fand. Zum Beispiel Karl Marx (1818–1883) verunglimpft im Vormärz 1843/44 die bürgerliche Klassengesellschaft auf Kosten des Juden: „... Das Geld ist der eifrige Gott Israels, vor welchem kein anderer Gott bestehen darf. ... Der Jude hat sich auf jüdische Weise emanzipiert, nicht nur, indem er sich die Geldmacht aneignet, sondern indem durch ihn und ohne ihn das Geld zur Weltmacht und der praktische Judengeist zum praktischen Geist der christlichen Völker geworden ist. Die Juden haben sich insoweit emanzipiert, als die Christen zu Juden geworden sind. ... Also nicht nur im Pentateuch oder im Talmud, in der jetzigen Gesellschaft finden wir das Wesen des heutigen Juden, nicht als ein abstraktes, sondern als ein höchst empirisches Wesen, nicht nur als Beschränktheit des Juden, sondern als die jüdische Beschränktheit der Gesellschaft."[16] Der Gipfel antijudaistischer Verirrung ist der Rassismus, der im 19. Jahrhundert neu aufkam und bekanntlich dann im Nationalsozialismus dominierte. Vorbereitet wurde er z. B. durch den Biologismus eines Joseph A. Gobineau (1816–1882). Zur Entfaltung gelangte der Rassismus z. B. bei Wilhelm Marr (1819–1904). 1873 stellt er die Juden als Weltmacht dar, viel stärker als die Germanen. Durch ihre „rassischen" Eigenschaften wären sie in der Lage gewesen, 1800 Jahre lang der abendländischen Welt den siegreichsten Widerstand zu leisten. Das Judentum sei ein „fremdartiges Element" im Abendland, das jüdische Volk sei „rassisch fixiert" und daher heiße die Alternative „wir oder sie". Ein weltgeschichtliches „Fatum" habe es gewollt, dass Juden und Germanen „gleich Gladiatoren der Kulturgeschichte" einander in der Arena gegenüberstehen. Mit einer Pseudo-Resignation sieht er die Niederlage der Germanen voraus: „Zäher und ausdauernder als wir, waret Ihr [sc. Juden] die Sieger in diesem Völkerkrieg, den Ihr ohne Schwertstreich geführt habt, während wir Euch massakrierten und verbrannten, aber nicht die sittliche Kraft besaßen, Euch auf Euch selbst und den Verkehr unter Euch anzuweisen."[17] Auch der Biologismus hat pseudowissenschaftlich verbrämt Einfluss auf die Biologie sowie Human- und Gesellschaftswissenschaften genommen.

Damit sei angedeutet, dass bei allen Errungenschaften für die Menschenrechte durch die Aufklärung die Notwendigkeit besteht, auch einen (selbst)kritischen Umgang mit der Aufklärung und ihrer Nachwirkung – z. B. in Form der Deutungsmacht der Wissenschaften – zu pflegen. Wie schon beim Voraufklärer Reuchlin gibt es später in der Nachwirkung der Aufklärung –

hier gezeigt für das 19. Jahrhundert – judaistische und antijudaistische Tendenzen zugleich.

Zusammenfassung

Im Unterschied zum Judenhasser Luther gibt Reuchlin ein Beispiel, wie in der Reformationszeit ein verstehender Umgang mit dem jüdischen Schrifttum möglich war. Hierzu verhalfen ihm die Errungenschaften des Humanismus: zurück zu den Quellen; in deren Originalsprachen; gemäß den Standards der Wissenschaften (Jurisprudenz, Philologie, Philosophie). Lediglich im Umgang mit der Kabbala als einer Literaturgattung, in dem die Unterscheidung zwischen Glaube und Vernunft besonders wenig ausgeprägt ist, kommt es zu einer Verchristlichung des Jüdischen, wie es heutigen Standards von interreligiösem Dialog nicht mehr entspricht. Vor allem aber hat Reuchlin quasi als Voraufklärer Wege in die Moderne gewiesen.

Anmerkungen

[1] Siehe dazu die Weimarer Gesamtausgabe der Werke Luthers (= WA), Bd. 11, S. 314–336 [1523] sowie Bd. 53, S. 523 [1543]
[2] „Altgläubig" wird für die Zeit bis zum Reichstag von Augsburg 1555 verwendet, für die Zeit danach der Begriff „katholisch".
[3] Luther 1524, in: WA 18, 358.
[4] Siehe im Einzelnen https://de.wikipedia.org/wiki/Sephiroth (gesehen: 10.05.2016).
[5] Der Sohar (11. Jh.) 2011.
[6] Reuchlin (1494) 1996.
[7] Ebd.
[8] Ebd.
[9] Der Erzbischof tat dies aus Verpflichtung gegenüber seinen „Schutzjuden". Denn 1507 verfügte derselbe Mann für sein Erzstift eine allgemeine Ausweisung der Juden, die bereits 1470 aus der Stadt Mainz vertrieben worden waren.
[10] Reuchlin (1511) 1965.
[11] Ebd.
[12] Hegel (1795/96).

¹³ Ebd.
¹⁴ von Harnack (1900) 1913, S. 31.
¹⁵ Ebd., S. 33.
¹⁶ Marx 1843/44.
¹⁷ Marr 1873.

Literatur

HARNACK, ADOLF VON: *Das Wesen des Christentums* (Leipzig 1900), Leipzig 1913.

HEGEL, GEORG WILHELM FRIEDRICH: *Die Positivität der christlichen Religion* (1795/96).

KNORR, CHRISTIAN VON ROSENROTH: *Kabbala denudata seu, Doctrina Hebraeorum transcendentalis et metaphysica atque theologica*, 2 Bde., Sulzbach: Lichtenthaler, 1677–1684.

LUTHER, MARTIN: *Wider die räuberischen und mörderischen Rotten der Bauern*, Wittenberg 1524, in. Ders.: Gesammelte Werke, Weimar 1888 ff (= WA), Bd. 18, S. 357–361.

MARR, WILHELM: *Der Sieg des Judenthums über das Germanenthum* (1873), in: PAUL W. MASSING: *Vorgeschichte des politischen Antisemitismus*, Frankfurt a. Main 1959.

MARX, KARL: *Zur Judenfrage* (1843/44), in: Ders.: *Frühschriften. Aus den deutsch-französischen Jahrbüchern* (Paris 1844) = Marx-Engels-Werke (= MEW), Bd. 1, Berlin-[Ost] 1956, S. 347–377.

REUCHLIN, JOHANNES: *De verbo mirifico* (1494), in: Ders.: *Sämtliche Werke*/ hg. v. WIDU-WOLFGANG EHLERS, HANS-GERT ROLOFF, PETER SCHÄFER, Bd. 1.1, Stuttgart-Bad Cannstatt 1996.

REUCHLIN, JOHANNES: *Ratschlag, ob man den Juden alle ihre Bücher nehmen, abtun und verbrennen soll [Gutachten im Auftrag von Kaiser Maximilian I. vom 6.10.1510]*, in: Ders.: ... *Augenspiegel* ..., Tübingen 1511, ed. Pforzheimer Reuchlinschriften, Bd. 2/ hrsg. v. KARL PREISENDANZ, Konstanz – Stuttgart 1965.

Der Sohar – Das heilige Buch der Kabbala [11. Jahrhundert]/ aus dem Hebräischen übertragen und hrsg. von ERNST MÜLLER, 5. Aufl. 2011.

ALEJANDRO ZORZIN

Johannes Eck (1486–1543) – Öffentliche Demontage (public dismantling) im Spannungsfeld frühreformatorischer Polemik (1517/18–1525/30)

Beim Ringen um Deutungsmacht spielt die Beeinflussung der Öffentlichkeit eine wichtige Rolle. In der frühen Neuzeit schaffte die massiv ansteigende Produktion von Druckerzeugnissen dafür eine neue (mediale) Plattform. Somit konnten nicht nur innovative religiöse Deutungskonzepte (bzw. deren altkirchliche Infragestellung) verbreitet werden, sondern auch Satiren, Spott und Schmähung der Gegenseite.

Aus der Anfangsphase reformatorischer Publizistik sind eine große Anzahl literarischer Zeugnisse erhalten geblieben (sog. *Flugschriften*[1]). Auch eine wennschon geringere Menge erhaltener Bildzeugnisse (illustrierte *Flugblätter* – die fragiler sind) belegen, dass dieser (graphische) Bereich publizistisch wichtig war.[2]

Hauptsächlich unter Einbeziehung solcher graphischer Quellen soll im Folgenden skizziert werden, wie damit eine *medial wirksame Demontage (public dismantling*[3]*)* der „Gegenseite" in Angriff genommen wurde.

I. Reuchlin-Streit (1511–1517/18)

Eine „vorreformatorische" Auseinandersetzung entbrannte ab ca. 1508/09 um die Frage, ob jüdische Gemeinschaften im Reich ihre hebräischen Schriften behalten und verbreiten durften. In diesem Streit trafen fortschrittlich gesinnte Gelehrte („Humanisten") – die für eine Genehmigung und den Erhalt dieses Schrifttums (mit Ausnahme christusfeindlicher Texte) eintraten – auf konservative Gelehrte, die sich für die Zerstörung jeglicher hebräischer Literatur (mit Ausnahme des biblischen Alten Testaments) stark machten. In einem über Jahre vor allem mittels rechtlicher Prozesse und literarischer Polemik geführten Konflikt wurde in zunehmender Weise auf das Mittel *öffentlicher* (publizistischer) *Demontage* der Gegenseite (mittels Satire und Spott) zurückgegriffen. Dabei wurden konservativ argumentierende Gelehrte durch Veröffentlichung eines fingierten Briefwechsels als „rückständige Personen" (*Viri Obscuri*) der Lächerlichkeit preisgegeben.[4]

Im Frühjahr 1517 wurde (auf einer Buch-Titelseite; siehe Abb. 1[5]) eine solche Gruppe „ungebildeter Gelehrter" (graphisch) dargestellt. Eine offensichtliche Herabsetzung der Abgebildeten ist – aus jetziger Sicht– nicht klar erkennbar. Im Vordergrund sitzt ein an seinem Habitus als Mönch identifizierbarer Gelehrter (der Dominikaner Jakob von Hochstraten?); überall im Raum sind Bücher zu sehen; eine Person scheint aus einem Buch vorzulesen, während eine andere aufschreibt; vielleicht eine Anspielung auf die Gruppen-Dynamik dieser „Obscuri" bei Abfassung ihrer Attacken und vermeintlichen Briefe.

Im Frühjahr 1518 wurde (auf der Buch-Titelseite; siehe Abb. 2[6]) einer als *Klagen der* [angeblich] *ungelehrten Personen* betitelten Entgegnung (des Kölner Dozenten Ortwin Gratius) auf solche Angriffe erneut eine Gruppe abgebildet. Diesmal ist die Herabsetzung der inkriminierten Gegenpartei klar beabsichtigt und erkennbar: In der Mitte der Gruppe, zu der auch Juden – im Vordergrund (links)[7] – gehören, steht eine Person mit erhobenen Händen. Ihr reicht ein links fliegender Dämon eine (geschwärzte) Brille, während ein rechts fliegender Dämon der Person (bzw. Gruppe) mit einem Blasebalg einen (falschen) „Geist" einbläst. Durch die dunkle Brille (= „Augenspiegel") werden die Mitglieder der Gruppe als fehlgeleitete Anhänger um den hilflos seine Arme erhebenden Reuchlin dargestellt.

Der „Triumphus Capnionis" (siehe Abb. 3a–3c[8])[9] ist ein in 1063 Hexametern um 1514 verfasstes Lobgedicht[10] von Ulrich v. Hutten. Er wurde unter dem Pseudonym *Eleutherius Byzenus* (1518) bei Thomas Anselm in Hagenau gedruckt. Der im Gedicht beschriebene Triumphzug des in seine Vaterstadt Pforzheim zurückkehrenden siegreichen Johannes Reuchlin („Capnio") wurde auch in einem (dazugehörigen) Bildflugblatt dargestellt.

Abb. 1

Lamentationes
Obscuro℞ viro℞. nō p̄hibi
te p sedē aplicā. Ortwino Gratio auctore.

Apologeticon eiusdē. cū aliq̃t epigrāmatibus, citra
cuiuscūcq̃ offensionē.   Intersunt breuia aplica duo.
Epl̄a Erasmi Roterodami. quid de Obscuris sentiat.
Impressio secūda cū additionib'.

Abb. 2

13. Der Triumphus Reuchlini.

13. Der Triumphus Reuchlini.

Abb. 3 b

Aus der festlich geschmückten Stadt kommen die Bürger als Empfangskomitee vor das Tor. An der Spitze des ihnen entgegenkommenden Zugs wird das Instrumentarium (die „Waffen") der Besiegten getragen: ein Gemälde (mit zwei Leitfiguren); Bücher (mit sophistischen Trugschlüssen). Dahinter sind die vier Besiegten zu sehen: Aberglaube (*superstitio*), Unbildung (*barbaries*), Unwissenheit (*ignorantia*) und Neid (*invidia*). Darauf von einer Kette umringte Gefangene[11]: Jakob von Hochstraten (mit zusätzlicher Kette um den Hals); Ortwinus Gratius (mit verbundenen Augen) und Arnold v. Tungern; davor ein paar Kleriker (dominikanische Kritiker Reuchlins in Frankfurt u. Mainz). Im Vordergrund liegt (mit auf dem Rücken gefesselten Händen) Johannes Pfefferkorn (durch seine Wade wurde ein Haken (*uncus*) gestoßen, an dem er im Triumphzug mitgeschleift wird); Pfefferkorn wird (in Text und Bild) einem Hinrichtungsritual ausgesetzt; von einem weiteren Peiniger auf den Kopf geschlagen, erbricht er; das Erbrochene wird von einem Hund aufgeleckt, in Anspielung auf 2. Ptr 2,21–22: „Der Hund frisst wieder, was er gespien hat." Es folgen Musiker und Chor, der Lobeshymnen singt; danach

Abb. 3 c

ein mit Laub geschmückter Wagen, auf dem lorbeerbekränzt der „Triumphator" – Reuchlin – sitzt. Er hält sein Buch (den „Augenspiegel") in der Rechten und einen Olivenzweig in der Linken; hinter ihm schließt eine Gefolgschaft von Rechtsgelehrten und Poeten den Zug.

Trotz Reuchlins Prozesserfolgen wurde sein *Augenspiegel* am 23. Juni 1520 von Papst Leo X. verurteilt. Dazu kam es wahrscheinlich, weil der Papst, von der ‚causa Lutheri' herausgefordert, in Deutschland seine Autorität zu stärken versuchte.

Ein mitleydliche claeg vber alle claeg/an vnsern allergnedichsten Kayser/vnnd gantze deutsche Nacion/ Durch Johannes Pfefferkorn gegen den vngetruwen Johan Reuchlin/vnnd wydder seynen falschen raytschlack/vurmalß vur die trewloißen Juden/vnd wydder mich geübt/vnd vn=christlichen vßgegossen.

Do leyt der haße.

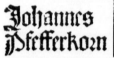
Johannes Pfefferkorn

Johannes Reuchlyn.

O layd vnnd layd über alle layd
Sye sach hab ich gantz verloren.
Den sack von ich zu eynem kleyd
Das beweyst Johannes Pfefferkorn.

22. Titel von Pfefferkorns „Ein mitleydliche claeg".

Abb. 4 a

Mit der Veröffentlichung einer „*Mitleidlichen Klage*" (siehe Abb. 4 a + 4 b)[12] forderte Johannes Pfefferkorn einen Zivilprozess gegen Reuchlin vor dem Wormser Reichstag (1521) und Reuchlins öffentliche Hinrichtung als Ketzer.[13] Während das Titelblatt den aufrecht stehenden Pfefferkorn vor einem mit erhobenen Händen um Gnade bittenden Reuchlin zeigt (= Augenspiegel & Brille im Gesicht; Steine am Boden suggerieren eine Steinigung), zeigt das

23. Letzte Seite von Pfefferkorns „Ein mitleydliche claeg".

Abb. 4 b

letzte Blatt der Flugschrift eine Hinrichtungsfantasie[14]: Der gevierteilte Reuchlin bekommt auf Anweisung Pfefferkorns vom Henker das Haupt abgeschnitten; Reuchlins „Augenspiegel" liegt im Staub.

An dem skizzierten medialen Niederschlag dieses Machtkampfs um Deutungshoheit im *Reuchlin-Streit* wird sowohl eine progressive Zuspitzung der (medial ausgetragenen) Polemik, wie die Verhärtung der Fronten sichtbar.

Diese mediale *dismantling*-Dynamik wird ebenfalls die Auseinandersetzung zwischen reformatorischen Impulsen und altkirchlichen Positionen prägen.

II. Johannes Eck (1486–1543)

„Eck war der erste und blieb bis zu seinem Tod einer der unversöhnlichsten unter den führenden Kontroverstheologen. 1520 erwirkte er die Bannandrohung gegen Luther, später wandte er sich gleichermaßen ... gegen die oberdeutschen und schweizerischen Reformatoren; ... [Eck] beteiligte sich neben seiner Verantwortung für den Entwurf der *Confutatio* des Augsburger Bekenntnisses [1530] an zahlreichen Versuchen, die neuen [reformatorischen] Lehren in Schrift und Wort zu widerlegen."[15] „[...] Dabei machten ihn sein leidenschaftliches Auftreten und seine dogmatisch-polemische Härte ... zur Zielscheibe von Spott und Verleumdung ..."[16]

Der erste reformatorische Bildbogen, der die altkirchliche (scholastische) Gnadenlehre mit der Augustinischen (des *Wittenberger Kreises*) polemisch konfrontierte, ist das von Andreas Bodenstein von Karlstadt (im Frühjahr 1519) mit Lucas Cranach d. Ä. geschaffene „Wagen"-Flugblatt (siehe Abb. 5a)[17].

Ein durch Ecks „Obelisci" (= Marginalien) zu Luthers 95 Ablassthesen ausgelöster Konflikt begann (ab Mitte 1518) publizistisch zwischen Karlstadt und Eck ausgetragen zu werden. Nach der Leipziger Disputation (im Sommer 1519) behauptete Eck, dass er ausdrücklich unter den als theologisch rückständig dargestellten Personen im unteren „Höllenschlund"-Wagen abgebildet worden war.[18] In der mit deutschen Texten gedruckten Wagenfassung lässt sich keine der abgebildeten Personen durch „ausgedruckte Worte" mit Eck identifizieren. Aber in der etwas früher mit lateinischen Texten veröffentlichten „Wagen"-Fassung (siehe Abb. 5b) sitzt auf dem das untere Wagengespann anführenden Pferd ein als *„Philoinon"* (Weingenießer)[19] bezeichneter Reiter. Der darunter gesetzte Text (*Omnes homines sua voluntate reguntur*) nimmt Ecks Aussage in seinem (2.) *Obelisk* gegen Luther auf: „Est enim voluntas in anima [hominum] sicut regina in regno." Somit lag Eck richtig, als er sich über seine Karikierung beklagte.

Etwa parallel hierzu (Anfang Februar 1519) in einem offenen Brief an Karlstadt, den Luther seinen 12 gegen Eck gerichteten Thesen (für eine anstehende Disputation) voranstellte, geht Luther Eck hart an.[20] Er verhöhnt

Abb. 5 a

Abb. 5 b

ihn, indem er behauptet, nach dessen [angeblichen Disputations]-Siegen in Österreich, in der Lombardei und Bayern, müsse Eck bald auch als „Sächsischer und Meißnischer *Triumphator*", zu begrüßen sein, „als allzeit Mehrer des Reichs in Ewigkeit". Der Spott gilt Ecks Ruhmsucht, seinem Drang nach Selbst-Inszenierung (*self-fashioning*).

Nach der im Sommer 1519 in Leipzig stattgefundenen Disputation (zwischen Eck, Karlstadt und Luther) entstanden anonyme (satirische) Attacken gegen Eck.

Johannes Oekolampads fingierte Briefantwort der *Canonici indocti Lutherani* adressierte er voller Hohn an den *gloriosissimum, super doctissimum triumphatorem magistrum nostrum, magistrum Joannem Eckium, theologistam.*[21] Kritisiert werden Größenwahn und Trunksucht: Die Autorität des Gegners wird mittels öffentlicher Hervorhebung angeblicher Charakterschwächen in Frage gestellt.

Massiv machte das die (in Nürnberg) als Komödie entworfene, derbe lateinische Schmähflugschrift *Eccius dedolatus* (der zugehauene, geglättete Eck)[22]; sie wurde (allerdings ohne graphische Elemente) Anfang 1520 im Druck verbreitet.

Wahrscheinlich boten solche (in humanistisch-theologischen Kreisen) entworfenen Publikationen[23] den Kontext für die Entstehung eines Titelblattes, in dem Johannes Eck in die Gruppe römisch-altkirchlicher Gegner Luthers aufgenommen wird.

Abb. 6

Abb. 7

Das mittig geteilte Bild (siehe Abb. 6: Titelblatt der Flugschrift „Vom alten und neuen Gott"[24]) – so Kaufmann[25] – zeigt auf der linken Seite den Herrschaftsbereich des päpstlichen Antichristen, der von Gelehrten [„T" wohl: Thomas von Aquin, und Aristoteles] ... getragen wird; in der unteren Bildhälfte links, die den „n[e]w Gott" zeigt, sind namentlich fünf Personen identifizierbar (1) N [?], 2) Ambrosius Catharinus, 3) Johann Fabri [Bischof v. Wien], 4) Johannes Eck [„I. Eccius"] und 5) Sylvester Prierias.

Auf der den wahren, *alten* Glauben zeigenden rechten Bildhälfte dominiert die Dreieinigkeit mit dem auferstandenen Christus in der Mitte, umringt von einem Propheten, Moses, und den vier Evangelisten. Unten steht Paulus (mit Schwert) und wahrscheinlich ihm gegenüber Luther; rechts findet sich ein Spruchband mit der Aussage: „Das ist m[e]i(n) li[e]ber sun" & *„ Unus Deus et Pater o[mn]i[s... ?]"*

Interessant ist, dass der auf dem rechten (positiven) Bildteil dargestellte Glaube nicht als „neuer", sonder als [wahrer] „alter" bezeichnet wird. Damit werden die gegen Luther publizierenden („papsttragenden") Romanisten als die eigentlichen Vertreter des dem Antichristen dienenden „neuen" Glaubens dargestellt.

Eine weitere graphische Verspottung Ecks (siehe Abb. 7: Spottbild auf Luthers altkirchliche Gegner [anonym, um 1522])[26] steht im Zusammenhang mit Ecks Einbindung in die Vorbereitung der Bannandrohungsbulle („Exurge Domine") gegen Luther (und einige Anhänger)[27] sowie mit Ecks Funktion als päpstlicher Nuntius bei ihrer Veröffentlichung und Verbreitung in Sachsen und Meißen.[28]

Erstmals findet dabei (die *volksnahe, karnivaleske*[29]) „Animalisierung" der Gegner Anwendung: (siehe Abb. 7) [Thomas] Murnar = Kater; [Hieronymus] Emser = Bock [sein Wappentier]; Leo X. = Löwe; Eck(er) wird als ein Eber charakterisiert, ein Schwein, dass sich von [Buch-]Eckern ernährt. Die Bannandrohungsbulle begann mit der Klage, ein wildes Schwein habe Gottes Weinberg verwüstet.[30] Diese gegen Luther gerichtete Anspielung wurde auf Eck übertragen.

Dass Eck vom Papst (für seine Dienste) eine Münze in seinen (gefüllten) Münzsack gesteckt bekommt, verunglimpft ihn als käuflich (bzw. geldsüchtig). Ecks Einsatz im „... (oberdeutschen) Zinsstreit ... steigerte [schon 1514/15 seinen] Bekanntheitsgrad außerordentlich, fügte jedoch seinem Ansehen nachhaltigen Schaden zu. Bis zu seinem Ende wurden seine Gegner nicht müde, Eck als habgierigen Fuggerknecht [später als angedingten ‚Römer-Knecht'] zu verunglimpfen."[31]

Der (Eck charakterisierende) deutsche Text lautet: „Recht wie ein[e] Saw lebt Doctor Eck / Wan[n] er hat Wein und Eselweck. / Sein Loick [Lüge] thut probieren me[h]r / Dan(n) Bibel gschrift und Christus ler".

(Leo X. an Eck): „Lieber Eck nym(m) also von mir zu gut / ich weiß noch ein gutten Cardinals hut / Magstu den Luther *Concludieren* [fertig machen] / will ich dir dein Sewkopf damit zi[e]ren." (Eck antwortet darauf:) „Herr Lo(e)w all büb[e]rey und faule sachen / Kan(n) ich durchs gelt widerumb gerecht mache(n) / Mit meyner Sophistrey und grossem geschrey / Haw ich den Luther und Gots wort entzwey."

Der Eck flankierende Dr. Jakob Lemp (aus Tübingen)[32] wird wie folgt charakterisiert: „Herr Doctor Lemp Evangelist / Mit neyd und zorn ein boser Christ. / Er wuet und pil[l]t recht wie ein hundt. / Der gschrift hat er gar wenig grundt."[33]

Dem deutschen Texten dieses Schmäh-Bildbogens wurden am unteren Rand (lateinische) Auszüge aus Psalm 118 (119) gegenübergestellt. Die (Verse 85f.[34] / 89f.[35] und 95[36]): Sie bilden gewissermaßen einen Kontrapunkt zu den frevelhaften Worten der Dargestellten – und stellen den Konflikt mit der Gegenseite auf eine heilsgeschichtlich-biblisch fundierte Deutungshoheit.

Die Wittenbergisch Nachtigall
Die man yetz höret vberall.

Ich sage euch/wa dise schweygē/so werden die stein schreyē Lucc. 19.

Abb. 8

Der Holzschnitt von Hans Sachs (siehe Abb. 8[37] Hans Sachs: Luther als *Wittenberger Nachtigall* (1523 – Titelblatt / Holzschnitt) bietet eine heroisierende Animalisierung Luthers. Luther überfliegt alle und besingt den neu anbrechenden Morgen; obwohl die Nachtigall, wie es ihr Name ausdrückt, eigentlich nachts singt!): „Nun hatt der lew [Leo X.] vil wilder thür / die wyder die nachtigall plecken, / waltesel, schwein, po(e)ck, katz und schnecken. / Aber ir heulen ist als fel, / die nachtigall singt i[h]n zu hel[l] / und thut sy all nyderlegen." (Laube: 592,36–41) – „Nun das ir klerer mugt verston / wer die lieplich nachtigall sey, / die uns den hellen tag auß schrey: / ist Doctor Martinus Lutther, / zu Wittenberg augustiner, / der uns auffweckt von der nacht /darein der monschein uns hat bracht /..." (ebd. 593,38–594,2) – "Thet i[h]n [= Luther] der keyser citiren / auff den reychs tag hinab gen Worms. / [...] Des blyb er bestendig in sein sachen / unnd gar keyn wort nit wyder ryfft / wann es war ye all sein geschryfft / evangelisch, apostolisch. / Dess schid er ab frolich und frysch /und lyß sich kein mandat abschrecken. / [RB: Wer daz wildschwein sey]

Das wilde Schwein dewt Doctor Ecken, / der vor[her] zu Leipzig wider in facht / unnd vil grober Seu darvon bracht." (ebd. 602,34–603,5)

Abb. 9 a

Unter der Abbildung (siehe Abb. 9 a[38] Luther als Befreier – (Spottgedicht Speyer: [Johannes Bader] (1524)) finden sich verschiedene Textpassagen: (a) Volk in der Finsternis zu Martin [Luther]; (b) Martin Luther zum armen Volk in der Finsternis; (c) Danksagung des Volks zu Gott – (1) Der Papst zu seinen Kardinälen; (2) Kardinal zum Papst: (... „Die glerten teützschen müstu schmyren, / mit gschenck und pfründen zu dir fiern, Must ettlich mit Car[di]nals hut b[e]goben, / ettlich mit Bischstumb, und seer loben. / so werdent sie dest vester toben." (Clemen 154) (3) Der Eck zum Bapst mit den gelärten deützschen: („Wir, heiliger vatter, sindt der kern / der glerten teützschen, wir thuns gern. / Wir nemen pfründen und gutschenk / unnd brauchen alle böse renck / Mit schreyben, schreyen, lestern, schenden, / domit wirs volck vom Luther wenden. / Bock emsser und ich, juncker Eck, und von franckfurt die gkrönte schneck [Johannes Cochläus aus Wendelstein], ..."(4) Der Papst zu doctor

Ecken: „Dweil jr dann die gelertsten sindt, / die man in deützschen landen findt, / So bitt ich, jr wolt thun das best, / das ich mög bleyben in meym nest, / In meynem reich, bracht und gewalt, / es soll euch werden wol bezalt. / Magstu den Luthern concludiren, / so wil ich dir dein sew kopff zieren, / Mit eynem roten breydten hut, / und nym yetzt mol das golt für gut./ Ich wil auch also all dein gesellen / mit geldt und golt zu frieden stellen/ und alle, die euch helffen wöllen." Die Käuflichkeit und Korruptheit der Gegenseite wird hervorgehoben und damit ihre niedern Beweggründe. (5) Hans Schmidt, Vikarius zu Konstanz [konkrete Aufforderung an den Papst gegen Zwingli in Zürich vorzugehen]. (6) Beschluss.

Kommen wir zur Abb. 9 b: Strebkatz[-Spiel] ([Johann Bader]1523/24)[39] [Luther] „Die warheit hat mich bracht in hatz, / Muß mit ihm [=Papst] ziehen die *strebkatz*. / uf meiner seiten nit mer hab / Dann, herr, dein leiden für ein stab: / So hat er gar ein teuflisch he[e]r: / Sol ichs hin ziehen, wirt mir schwer. / Schau, wie der eber wetzt die zen, / Der bock [Emser] thut auch herzu her steen./ Der kochlöffel [Cochläus] mit seiner sauf / dem thut der pabst vil grieben drauf. / Der Murner mit seim katzen gschrei, / Der Lemp mit belln trit auch an rei;/ Der ratten könig, genannt Hochstrat[en], / Den auch der pabst gekrönet hat; / Noch sih ich gar ein dapfern man, / Wolt sich gern mengen in die klei: / Mich dunkt, wie es ein eichhorn sei [Eucharius Hener, geistlicher Richter des Bischofs von Speyer – persönlich mit Johannes Bader verfeindet]."

Der Papst sucht Ecks Beistand indem er ihn auffordert: „Drit du herzu, mein lieber Eck! / Dein rüßel stoß auch in den dreck!"

Abb. 9 b

Nun zur Abb. 10: [Anonym] *Triumphus Veritatis* (1524) (Sieg der Wahrheit, mit dem Schwert des Geists durch *die Wittenbergische Nachtigall* erobert).[40]

Die graphische Wiederaufnahme des Hutt'schen Triumpfwagen-Motivs [vgl. oben Nr. 3] macht die medialen Verschränkungen zwischen dem *Reuchlin-Streit* und der *Causa Lutheri* deutlich. Zugleich wird der (1523 verstorbene) Hutten mit der Vorkämpfer-Position geehrt; der reformatorische Grund-Impuls wird auf Luther und Karlstadt verteilt.

Sollte mit dem unter den „Märtyrern" als (Apostel) Thomas Gekennzeichneten [= Winkelmaß über der Schulter] tatsächlich eine Homage an den im Mai 1525 hingerichteten Thomas Müntzer versteckt sein, müsste der Bildbogen sogar in die zweite Hälfte des Jahres 1525 datiert werden.[41]

Die gegen Ende 1524 einsetzenden Bauernaufstände, deren blutige Niederschlagung und das darauf einsetzende verschärft repressive Vorgehen der Obrigkeiten generierte einen „Einbruch der Flugschriftenkonjunktur"[42], der sich auch in einem Niedergang graphischer Kritikentwürfe spiegelte.

Erst 1530 (im Kontext des Augsburger Reichstages) findet sich wieder eine wohl von reformationsnahen [Nürnberger] Gegnern Ecks betriebene Fortsetzung seiner *öffentlichen Demontage*. Interessant hierbei ist, dass der altkirchliche Kontroverstheologe Johann Cochläus im Jahr davor (1529) eine „Bildattacke" gegen Luther veröffentlichte.[43] Sowohl im Titelblattholzschnitt „Martinus Luther Siebenkopf"[44] wie in Luthers „Doppelkopf"[45] wird Luther als Schönredner und Anstifter zu Streit karikiert. Ein Wittenberger Druck reagierte darauf mit einer Verhöhnung des Cochläus; auf dem Titelblatt des Druckes ist eine „Sieben-Löffel"-Narrenkappe zu sehen.[46] Der Angriff auf Eck wurde publizistisch mit Spott-Thesen und einem grob schmähenden Bild-Flugblatt (aus der Werkstatt Peter Flötners) umgesetzt.

Abb. 10

Das lateinisch-deutsche Bildflugblatt (siehe Abb. 11a + 11b: „Arcus triumphalis Iohannis Eckii dedolati" [um 1530])[47] ist im Vorfeld des Augsburger Reichstags (1530) entstanden. Auf diesem Reichstag sollte Johannes Eck unter den die altkirchliche Position vertretenden Theologen eine zentrale Rolle zukommen.[48]

Aufschlussreich sind Hinweise (in Briefen), die zeitgleich von gegen Eck verfassten satirischen Thesen „... de vino, venere et balneo" (von Wein, Frauen und Bädern) sprechen.[49] Deren Existenz bestätigte eine handschriftliche Kopie, die Gustav Kawerau[50] (1888?) in Breslau ausfindig machen konnte. Da die Eck schmähenden Aspekte seiner Vorliebe für „Bäder, Wein und Frauen" auch im *Triumphbogen* eine zentrale Rolle spielen, erscheint eine Datierung des (anonymen und undatierten) Bildflugblatts auf das Jahr 1530 schlüssig.[51]

Es besteht aus zwei Bildhälften, von denen sich die linke als Wiedergabe einer von Eck in der Ingolstädter St.-Moritz-Kirche gestifteten Votiv-Tafel ausgibt.[52] Dabei wird über die Angaben, es handele sich um einen Triumphbogen, den Eck nach seiner siegreichen Rückkehr von der Leipziger Disputation (1519) aufstellen ließ, eine Verbindung mit diesem Ereignis (und nicht mit der Bullen-Verkündigung 1520) hergestellt. Diese Änderung hängt mit der klaren Absicht zusammen, dieses eine Dekade danach erschienenen „Bildblatts" mit dem (eingebürgerten) „Schlagbild" (A. Warburg!) des „Eccius dedolatus" zu verbinden. Eindeutig wird das in der das Flugbild oben titulierenden Überschrift ausgedrückt: „Arcus triumphalis Iohannis Eckii dedolati ad exemplum eius quem Ingolstadii in aede divi Mauritii Anno M.D.XIX. posuit."[53]

Im lateinischen Textfeld (auf dem „Triumphbogen-Gemälde") steht im ersten Satz genau das, was die volkssprachliche Übertragung (im zweiten Absatz der unter den Säulenfundamenten gedruckten Erläuterung) wiedergibt: „Johannes Eck Magister der heiligen Schrift/ Doktor des päpstlichen Rechts/ Notar des Römischen Stuhls/ Kanoniker der Kirche zu Eichstädt/ Vizekanzler der Hochschule zu Ingolstadt/ Pfarrherr dieser [St. Moritz] Kirche/ hat nach Lutherischer Überwindung/ da er aus Sachsen heimkam[54]/ ihm und den seinen dieses Bildnis aufrichten lassen/ da man von Christi Geburt an 1519 Jahre zählt."

Dagegen gibt der erste Absatz der volkssprachlichen Übertragung den letzten lateinischen Satz in etwas erweiterter Form wieder [„Der Eckius, da er aus der Disputation von Leipzig wieder heimgekommen ist, hat er ihm dieses überwindliche Bildnis [= Triumph-Bild] machen lassen und seine Patrone (...) St. Johannes den Täufer, [Johannes] den Evangelisten und [Johannes] Chry-

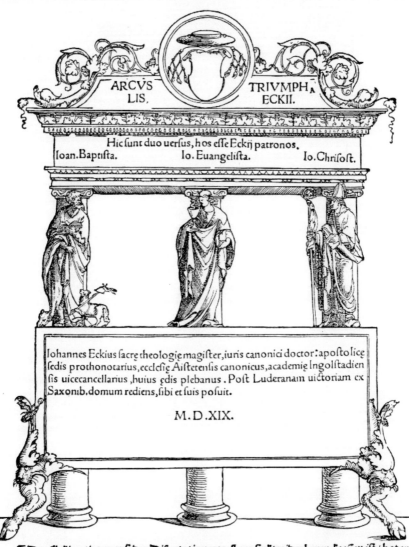

¶ Der Eckius / do er auß der Disputation von Leypßgk / wider heym komen ist / hat er jhm dise vberwindtliche Bildnuß / zů Jngoldtstadt in Sanct Mauritzen kirchen / lassen machen / vnd dareyn lassen malen / seyne Patron (wie er dann thůmet) Sanct Johannes den Tauffer / den Euangelisten / vnd Chrisostomum / mit nachuolgender vberschrifft. Joannes Eckius der heyligen schrifft eyn meyster / des Bebstlichen rechts eyn Doctor / des Römischen stůls Notarier / Der Kirchen zů Aystädt Canonicus / der hohen Schůl zů Jngoldstadt Vicecantzler / Diser kirchen Pfarherr / nach Luderischer vberwindung / do er auß Sachssen heym kam / hat er jhm vñ den seynen dises Bildnus lassen auffrichten / do man zalt von Christi geburt M.D.xix. Jar.

Abb. 11 a

Abb. 11 b

sostomus reinmalen lassen." Der schmähende Angriff im Bildblatt konzentriert sich darauf aufzuzeigen, welches die eigentlich wahren Schutzfiguren Ecks sind: (im Gebälk des rechten Giebels: In causa fidei nostri hi sunt ecce patroni: balnea, vina, Venus") – Genau das unterstreicht auch der volkssprachliche Text: „Welche aber dises menschen [= Eck] leben und sitten baß ansehen/ Befinden/ das er dise heyligen alleyn mit gedicht/ zu steter schmach und spot für seyne Patron rhümet/ wann es ist wissentlich/ das er die drey nachvolgende [fem.] Johannas Patronas vil mehr in ehren hat/ [:] die Badt/ Gütte weyn/ Und schöne Weiber. Wann er wird gern in wollustigen Baden getaufft/ So trinckt er vil lieber gütten weyn/ und das Gulden mündleyn ist ihm am liebsten."

Das linke (leere) Wappen (über dem ein Kardinalshut abgebildet ist) wird auf der rechten Seite mit einer „Narrenkappe" ausgefüllt – Über dem Kardinalshut ein geflügelter Kothaufen (als Kontrafraktur einer Heilig-Geist-Taube?)[55].

Auch die lateinischen Verballhornungen der Titel Ecks lassen keine Zweifel darüber, dass es sich um ein agressives *public dismantling* des altkirchlichen Würdenträgers handelt: sacrae sophisticae [Magister der heiligen Sophistic] magister; iuris canonicis dolor [Schmerz des kirchlichen Rechts]; apostaticae sedis [des apostatischen Stuhles] prothonarrarius [Proto-Narr]; canonicus ... **ir**regularis [Irregulärer-Kanoniker]; non vice sed autonocellarius [kein Ersatz-, sondern selbstverletzender Kanzler]; sauf*fraganeus* (nicht Weih-, sondern *Wein*bischof) – zu ihnen wird keine volkssprachliche Übertragung geboten (da sich der Spott der Wortverdrehungen kaum übertragen lässt).

Der Hinweis: „Post dedolationem, ex Lipsia per carpicornum domum rediens, ... matri *Canidiae*, ... sorori *Morae*, atque *Philautiae*..." spielt direkt auf die Komödie des „Eccius dedolatus" (1520) an, wo sich die Zauberin Canidia des schnellen [fliegenden] Transports vom erkrankten Eck annimmt.[56]

Fazit

Mit vorliegendem Beitrag sollte deutlich gemacht werden, wie in der Reformationszeit im Ringen um Deutungshoheit der öffentlichen, publizistisch durch Text und Bild vermittelten Herabsetzung des Gegners eine wichtige Funktion zukam. Oft wurde Deutungsmacht nicht primär mittels überzeugenderer Beweise und Argumentation verfolgt, sondern durch Karikierung und verzerrende Bloßstellung des Gegners.

Anmerkungen

[1] In seinem Vorwort zu Satiren und Pasquille der Reformationszeit (ND 1966) bemerkte Oskar Schade 1855: „...Flugschriften ... kennzeichnen sich fast alle (...) durch ein scharfes satirisches Element, ... mitunter durch große Derbheit und Leidenschaftlichkeit ..." – „Es bilden also die Satiren und Schmähschriften die ganze Reformationszeit hindurch einen eigenen breiten Zweig der Literatur ..." (Schade, Satiren Bd.1, Seite V u. VI).

[2] Robert W. Scribner, For the Sake of Simple Folk. Popular Propaganda for the German Reformation, 1981(bzw. 1994). Konrad Hoffmann, Typologie, Exemplarik und reformatorische Bildsatire (in: J. Nolte, H. Tompert, Chr. Windhorst (Hrsg.): Kontinuität und Umbruch, 1978, 189–210 (vgl. auch K. Hoffmann (VIII. Die reformatorische Volksbewegung im Bilderkampf) im Katalog/ML und die Reformation in Deutschland 1983: „... innerhalb der reformatorischen Öffentlichkeit und für das Verständnis der neuen Lehre beim Gemeinen Mann spielte die Illustration des Titelblattes in einer Flugschrift und vor allem der graphische Bestandteil eines Flugblattes, die Bebilderung durch einen Holzschnitt eine entscheidende Rolle." (219); „Mit der Wendung an den Gemeinen Mann ... unterstützte das Bild als situationsbezogenes Kampfmittel der Massenkunst in der Reformationsphase von 1517–1525 eine negative Charakterisierung dieser alten Kirche selber [in der „die meisten Menschen ... im Lesen verschlüsselter Bildzeichen, mit der Umsetzung geläufiger Erfahrungsgegenstände in Allegorien, ... unterwiesen worden (waren)" (219) – „Bei der Ausbreitung der Reformation griffen mündliche, schriftliche und bildliche Formen der Vermittlung in neuartiger Weise intensiv ineinander" (219); „Bei der Meinungsbildung und Verständigung innerhalb der reformatorischen Bewegung sind die wichtigsten Literaturformen, Flugschrift und Flugblatt, nach der Gebrauchssituation zu einem großen Teil aus mündlicher Vermittlung hervor- und wieder in sie eingegangen. (219)

[3] Den englischen Begriff verwende ich im Kontrast zum „scholarly *self-fashioning*", vgl. Ingo Trüter, Johannes Eck (1486–1543): Academic Career and Self-Fashioning around 1500, in: Richard Kirwan (ed.), Scholarly Self-Fashioning and Community in the Early Modern University (London 2013). Trüter wendet ihn m. E. passend auf den von Johannes Eck stetig vorangetriebenen Ausbau seiner Universitäts-Karriere und öffentliche Anerkennung an.

[4] VD16 E 1723 [Epistole Obscurorũ virorũ ad Magistrũ Ortuinũ | Gratiũ

Dauentriensem Colonie latinas litteras pro|fitentē nõ ille qdẽ veteres et prius visae: sed et nouę et illis priorib[us] || Elegantia argutijs lepore ac venustate longe superiores. [Peter Schöffer d.J., Mainz, 1517]

5 Vgl. Abb. im Katalog, Martin Luther und die Reformation, 1983, Nr. 121, S.113. („Titelholzschnitt mit 6 Dunkelmännern") – 1514 hatte Johannes Reuchlin *Clarorum virorum epistolae* (gebildete, herausragende Männer) seine Position bestätigende Bekundungen befreundeter Gelehrter (Humanisten) veröffentlicht. 1515 und 1517 wurden anonym an den Kölner Professor Ortwin Gratius von Deventer (†1542) fingierte *Epistolae obscurorum virorum* (unbekannte, ungebildete Männer) veröffentlicht. 1. Teil (41 Briefe) Hagenau: 1515 (fingiert: Venedig), 2. Teil (62 Briefe) Mainz: 1517 (fingiert: Köln) (vermutete Autoren: Crotus Rubeanus, Ulrich v. Hutten, Hermann von Busch); vgl. Worstbrock, VerfLex (Hum) Bd. 1, 646–658.

6 VD16 G 2926 [= TH, der auf beiden Ausg. der gleiche ist]; vgl. Gratius, Ortwinus in: Worstbrock VerfLex (Hum), 935f. (1. Ausg. 45 Briefe) – VD16 G 2925 zur Ostermesse 1518 veröffentlicht, 2. Ausg., um 40 Briefe vermehrt – VD16 G 2926 / August 1518. Im Anschluss an die *Lamentationes* eine „Epistola apologetica" (1518, 11. 3.; 2. Ausg.: „Apologeticon") in der Gratius die Verfasser der EpObscVir der Gottlosigkeit beschuldigt.

7 Vgl. Rainer Wohlfeil, Die Juden in der zeitgenössischen bildlichen Darstellung, in: Arno Herzig / Julius Schoeps (Hrsg.), Reuchlin und die Juden (Pforzheimer Reuchlinschriften, Bd.3), Sigmaringen 1993, 21–39.

8 Wilhelm Kühlmann, Ulrich von Huttens Triumphus Capnionis – „Der Triumph Reuchlins". Bildzeichen, Gruppenbildung und Textfunktionen im Reuchlin-Streit. In: Reuchlins Freunde und Gegner. Kommunikative Konstellationen eines frühneuzeitlichen Medienereignisses/ hrsg. v. W. Kühlmann, Tübingen 2010; S. 89–105. HSozKult: „Triumphus Capnionis", ein 1514 [?] erschienenes Druckwerk, das den erwarteten Sieg Reuchlins und seiner Parteigänger im „Bücherstreit" feiert. Es vereint Prosa und Lyrik, Text und Bild in enger Bezugnahme aufeinander, stellt also einen ... Medienverbund dar. Die Untersuchung beleuchtet Darstellungstraditionen, analysiert ... Inhalte der Texte und lotet die Wirkungsabsichten des anonymen, doch wohl mit Ulrich von Hutten zu identifizierenden Urhebers aus. Die ... Fallstudie zeigt nicht nur, wie die Auseinandersetzungen um den Umgang mit jüdischen Schriften sich zu einem tatsächlichen Medienereignis auswachsen konnten. Sie zeigt auch, wie der Streit – nicht zuletzt durch Reuchlins Zutun – publizistisch ausgeschlachtet und für andere Zwecke,

konkret: die humanistische Positionierung gegenüber römischer Dogmatik, instrumentalisiert wurde. Vgl. Kaufmann, Stilisierungen (in: Ders.: Anfänge, 295, Anm. 92. Zwei anonyme (= Eleutherius Bizenus) Drucke (mit unterschiedlicher Titelgebung; beide [Hagenau, Thomas Anselm 1518 = VD16 H 6414 und 6415], zu denen wohl auch das Flugblatt mitgeliefert werden konnte.

[9] Wird einige Jahre später wieder als Kontrapunkt-Motiv aufgenommen.

[10] Ausgabe: Böcking, Bd. 3, S. 413–447; Das 1518 verfasste Vorwort und Nachwort: Böcking, Bd. 1, S. 236–238; vgl. Worstbrock, VerfLex (Hum), Hutten, Nr. 20.

[11] Die freien „Banderolen" sollten wohl Namenhinweise enthalten.

[12] VD16 P 2317 (Köln: Servas Krufter 1521).

[13] Kühlmann: „Der sachlich-rechtliche oder gar theologische Gehalt des Streits um die sog. Judenbücher hat den Publizisten Hutten im Streit um die intellektuelle Wortführerschaft im Reich nur am Rande interessiert. Huttens *Triumphus doctoris Reuchlini* muss in der gedruckten Version demnach offenkundig dem weiteren Kreis der Reichstagspublizistik [1518] zugeordnet werden und sollte als ein kulturelles Signal in einer weitreichenden kirchen- und reichspolitischen Konfrontation gesehen werden." (S. 94)

[14] Kühlmann, (bez. auf Huttens Text: „szenische Vergegenwärtigung eines Strafmartyriums" – das hier von Pfefferkorn in umgekehrter Weise verwendet und graphisch noch eindringlicher dargestellt ist.

[15] Wurm, Worstbrock, VerfLex (Hum), 578.

[16] Wurm, 579; vgl. die „suffisante Reaktion des Erasmus" (Brief vom Mai 1518 an Eck): „Dank für die mir übersandten Bücher. Ich gratuliere Dir zu Deinem Erfolg, applaudiere Deinen Triumphen und dem Beifall, der Dir entgegengebracht wurde. Noch mehr aber werde ich gratulieren, wenn Du dahin gelangst, dass Muße und Verstand Dich zum Studium jener verborgenen Lehre Christi in tiefster Stille und Zurückgezogenheit des Geistes hinführen, wenn Dich der Bräutigam in die Schlaf- und Vorratskammer führt."

[17] Geisberg Nr. 612; (nicht bei Scribner, Sake); Katalog Martin Luther und die Reformation, 1983, Nr. 308, S. 244; lat. Fragment: Katalog Kunst der Reformationszeit (Berlin 1983), Nr. E 51, S.356.

[18] (1) Eck an Kurfürst Friedrich III (1519, 18.8): „Wollt Gott, E. Ch. G. sollte mein Gemüt ... ganz erkennen, ohn Zweifel würde solichs meines Fürnehmens ein gnädigs Gefallen tragen; dann ich mich ungern in sollicher oder

dergleichen Leichtfertigkeit merken wollt lassen, in den Druck ein Wagen zu geben, wie E. Ch. G. Doctor Carlstadt tan hat und mich ganz spöttlich mit ausgedruckten Namen darin verschmächt. Ich künt auch wohl ein Wagen machen, aber ich wollt ihn nit darinnen setzen; aber das ist kein Kunst." (WA Br 1, 461,74–81) (2) Eck an Kurfürst Friedrich III. (1519, 8.11.) „Zu dem Andern, entschuldigt er sich seines läppischen Wagen, des Gemäls halb. Ich hab nit geklagt über das Gemäl, dann ich acht, er sitz selb auf dem untern Wagen; aber daß er mich mit ausgedruckten Worten antast und schmächt: wann ich Esel in Wagen satzte, wollt er die Esel treiben; laß ich sein. Kann ers, so fiegt [= passt] er wohl in das Welschland [Italien (als Eselstreiber)]." (vgl. WA.B 1, 480,39–43)

[19] Vgl. Bernhard Adelman an Willibald Pirckheimer, ed. Helga Scheible, Pirckheimer-Briefwechsel: „Qualis vero in pronunciando [Eckius] se exihibuerit, paucis accipe: nam dum ad orandum pulpitum ascendere vellet, induit se capitio isto theologorum pellibus caprinis suffulto (deerat enim ei aliud ob suam profusionem) ac longam post se caudam trahens motuque corporis nihil aliud quam histrionem agens. Et cum udis suis labiis ob innatam ac continuam temulentiam orare incepisset, proh! quales clamores audisses, ut, si affuisses, dixisses eum Stentora vincere voluisse; aliquando vero adeo submiss mussitabat, ut quid diceret, nemo audiret seu inelligeret." <Höre ein paar Worte, wie er [Eck] sich beim Vortragen aufgeführt hat. Als er nämlich das Pult besteigen wollte, um zu reden, bekleidete er sich mit einer Kapuze, die mit Ziegenfell verstärkt war, nach Art der Theologen (eine andere fehlte ihm wegen seiner Verschwendung), hinter sich einen langen Schwanz führend und mit den Körperbewegungen nicht anders als ein Schauspieler agierend. Und mit seinen feuchten [trunkenen] Lippen fängt er mit angeborener und ständiger Betrunkenheit an zu reden. Ach! was für Schreie würdest du hören, so dass du, wenn du dabei wärest, sagen würdest, er wolle *Stentor* [=Schreier] übertreffen; manchmal murmelte er so leise, sodass das, was er sagte, niemand hörte oder verstand."

[20] „Es hat unser Eck – [Karlstadt, du] bekannter Mann – einen [Disputations-] Zettel herausgegeben, in dem er mit prächtigen, aufgeblasenen Worten lärmt (das aber ist die Weise dieses Menschen), dass er gegen dich in Leipzig disputieren werde. [...] Eck lärmt unterdessen gegen meine Kleinigkeiten, oder spielt vielmehr nach der Weise dieser [Fasten-]Tage mit Masken; [...] Ich klage nicht, dass du [= Eck] dich zur schändlichsten Papst-Schmeichelei gewendet hast [...] nachdem ich dir als Mittler zu deinem Frieden [mit Karlstadt] nicht genehm war, werde ich dir vielleicht als Wett-

kämpfer gefallen. Nicht, dass ich mir vorgenommen hätte zu siegen, sondern dass ich dir, nach deinen Siegen in Oesterreich, in der Lombardei und in Bayern (wenn wir dir glauben können), zur Gelegenheit werde, den Namen zu erlangen, mit dem du als ein Sächsischer und Meißnischer Triumphator, und wenn du willst, als allzeit Mehrer des Reichs in Ewigkeit begrüßt werdest, und so, nachdem du so immerwährenden, überaus großen Ruhm erlangt hast, ruhen könnest, nach dem Wort deines Meisters: „Wenn volle Fertigkeit in einer Sache vorhanden ist, so hört die Bewegung auf. [Homer, Illias]" (vgl. WA Br. 1 Nr. 142)

[21] Der Autor der Flugschrift [Johannes Oekolampad] nahm Anlass an einer Randglosse in Ecks Verteidigungsschrift für Hieronymus Emser (*Joannis Eckii ad malesanam Lutheri venationem responsio*; November 1519); darin forderte Eck auf: „... dicat mihi ludderus aut aliquis canonicus seminator errorum ludderani ..." (am Rand: „Canonici indocti luderani"); damit zielte Eck v.a. auf den (als „ungelehrt" verunglimpften) Augsburger Kanoniker Bernhard Adelmann. Die im Stil der „Dunkelmännerbriefe" verfasste Brief-Antwort ist im Namen eines solchen „ungelehrten Domherrn" geschrieben (dt. Übers.: „Die verdeutscht ant|wort/ der/ die Doctor Eck in seinem | Sendbrieff an den Bischoff zu | Meyssen hat die vngelarten | Lutherischen Thumhern | genandt. [Nürnberg, 1520] (VD16 O 301) – und weitere vier Ausgaben: Augsburg, Erfurt, Straßburg und Wittenberg.

[22] *Eckius dedolatus* ([1520] VD16 C 5587f.; vgl. Niklas Holzberg/ hrsg. v. Willibald Pirckheimer. Eckius dedolatus – Der entecke Eck, Suttgart 1983.

[23] *Dialogi: Decoctio* [&] *Eckius monachus* ([1520] VD16 E486). In der „decotio" werden die Protagonisten Eck und Leus, die Anfangs wahnsinnig sind (was sich in ihrer Überheblichkeit, Ruhmsucht wie Kritik an den reformatorischen Theologen [Luther, Ritius, Zasius und Erasmus] ausdrückt), zu einem – sie läuternden – Schwitzbad gezwungen.

[24] VD16 N 307 (Basel: Adam Petri, 1521) (Scribner, Sake – Abb. 48; Katalog Martin Luther und die Reformation, 1983, Nr. 303, S. 240f.). Links: Der Papst wird nach dem Brauchtum von Karnevalspuppen an Tragestangen emporgehalten. Ein Kardinal, Thomas v. Aquin und Aristoteles halten die Stangen ... Die Gemeinde des „neuen Gottes" der mit Schwert, Schlüssel, Rute, Rüsselnase und Teufelsklaue – ebenso wie die beiden links stehenden Kleriker – von Teufelsvögeln gekrönt wird. Gegenüber zu sehen ist die Trinität (Gottvater, Geisttaube, und auferstandener Christus) – Moses und Aaron [= AT], Evangelisten-Symbole, sowie Paulus und ein lehrender Mönch.

25 Thomas Kaufmann, Der Anfang der Reformation, Tübingen 2012, S. 533*
26 NürnbergGNM: Sign.: HB 15079 (Katalog Martin Luther und die Reformation, 1983, Nr. 283; 224f.; Scribner, Sake Nr. 51, 74f.) Clemen (Ein Spottgedicht aus Speier von 1524, KSRG 3, 151–160) bezieht sich auf diesen Bildbogen: „... noch älter ist vielleicht der Holzschnitt, der (in der Reihenfolge von links nach rechts; siehe Abb. 7) Murner mit Katzenkopf, Emser mit Ziegenbockskopf, Leo X. mit Löwenkopf, Eck mit Schweinskopf, Lemp mit Hundekopf darstellt und nach dem Exemplar des Germanischen Museums bei Drews, Der evangelische Geistliche in der deutschen Vergangenheit (= Monographien zur deutschen Kulturgeschichte Bd. 12, Jena 1905), S. 15 reproduziert ist. Der Papst zahlt hier Eck ein Goldstück in seinen gefüllten Beutel, und unter der Figur des Papstes lesen wir die Verse: Lieber Eck, nymm also von mir zu gut, Ich waiss noch ein gutten Cardinals hut, Magstu den Luther Concludieren, Will ich dir dein Sewkopf mit ziren. Diese Verse kehren fast unverändert in dem Gedichte unseres Einblattdrucks wieder. Wahrscheinlich hat also wiederum unser Autor jenen satirischen Holzschnitt gekannt." (158)
27 Im Frühjahr 1520 überreichte Eck in Rom dem Papst sein „De primatur Petri adversus Ludderum" [Paris: P. Vidone für Konrad Resch 1521]
28 Peter Fabisch, Johannes Eck und die Publikationen der Bullen „Exsurge Domine" und „Decet romanum Pontificem", in: Erwin Iserloh (Hrsg), Johannes Eck (1486–1543) im Streit der Jahrhunderte, Münster 1988, S. 75–107.
29 Scribner, Sake.
30 In der zeitgenössischen dt. Übersetzung [Georg Spalatins, vgl. Hans Volz, Bibliographie der im 16. Jhdt. erschienen Schriften Georg Spalatins, Nr.10] der Bannandrohungsbulle [VD16 K 282/Köln: P. Quentel, 1520] heißt es im Anfangspassus: „O here stee auf erheb dich und richt dein sach ... wan es sein fuchs aufgestanden [*surrexerunt vulpes*]. die sich unterwinde(n) dein weinberch zuverwusten [...] den selben weinberg unter windt sich zuverderben ein wild hawend swein aus dem wald [*exterminare nititur eam Aper de silva*] und ein sunderlich wild thier inen zuvertzern [*et singularis ferus depasci eam*]."
31 Wurm, Worstbrock, VerfLex.
32 Otto Clemen identifiziert den von Simon Hessus [= Urbanus Rhegius] in seiner (anonymen) Flugschrift [Ende Mai 1521] „indoctus decretista" Genannten mit dem Tübinger Professor Jacob Lemp (der Lehrer von Eck in seiner Tübinger Studienzeit gewesen war).

33 Möglicherweise wurde die Verbindung Ecks zu einem seiner ehemaligen Tübinger Lehrer, über dessen Stellungnahme zu Fragen des Zinsrechtes hergestellt (vgl. Obermann).
34 Vg (LXX): „Narraverunt mihi iniqui fabulationes sed non ut lex tua. Omnia mandata tua veritas: inique [!] persecuti sunt me adiuva me. (Die Missetäter erzählten mir Erfindungen, aber nicht dein Gesetz. Alle deine Gebote sind Wahrheit; feindselig verfolgten sie mich; hilf mir.)
35 Vg (LXX) „In aeternum Domine verbum tuum permanet in caelo. In generationem et generationem veritas tua. fundasti terram et permanet." (In Ewigkeit bleibt Herr dein Wort am Himmel. Deine Wahrheit von Geschlecht zu Geschlecht. Du hast die Erde gegründet und sie bleibt bestehen.)
36 Vg (LXX) „Me expectaverunt peccatores ut perderet me: testimonia [autem] tua intelexi, etc. (Die Gottlosen lauern mir auf, mich zu vernichten; ich [aber] erkenne deine Zeugnisse, usw.)
37 VD16 S 647 [Bamberg: Georg Erlinger 1523]; Text: Laube, Flugschriften 1, 590–608.
38 Geisberg 927; Scribner, Sake Nr.21, S. 27–30; Katalog Martin Luther und die Reformation, 1983, Nr. 281.
39 Text: Schade, Satiren (Bd.3 Nr.6); Scribner, Sake Nr.43, S.61 ([Johannes Bader?] [Peter Schöffer, Worms 1523])
40 VD16 ZV 6175 [Speyer: Johann Eckhart um 1524]; Textwiedergabe in Schade, Satiren (Bd.2) Nr. 22. Bildwiedergabe und Kommentierung: Scribner, Sake Nr.46, 63 u. 65. (K. Hoffmann) Katalog Martin Luther und die Reformation 1983, Nr. 279, S. 221f.
41 Diesen Hinweis machte zuerst Prof. Dr. Ulrich Bubenheimer geltend (in einem bisher unveröffentlichten Vortrag), für dessen Übersendung (1988) ich ihm noch heute in Verbundenheit dankbar bin.
42 Hans-Joachim Köhler, Erste Schritte zu einem Meinungsprofil der frühen Reformationszeit, in: V. Press / D. Stievermann (Hrsg.), Martin Luther. Probleme seiner Zeit, 1986, S. 244–281; vgl.251.
43 Scribner, Sake: S. 232–234 (Nr. 184 u. 185)
44 VD16 C4329 (und auch VD16 C 4386/lat; C 4389 bzw. C 4391); vgl. auch den Katalog Luther und die Folgen für die Kunst, Hamburg 1983, Nr.33.
45 VD16 C 4290 (Dialogus de bello contra Turcas), ebd. Nr. 33a.
46 VD16 S 6037 (Sermo ... Cochlei ... ad exemplum per omnibus qui contra Lutherum volunt scripturas ... tractare)
47 Heinrich Röttinger: Peter Flettners Holzschnitte: mit 23 Abbildungen auf

18 Tafeln / Strassburg: Heitz, 1916. – XII, 88 S., XVIII Taf.: Ill. (= Studien zur deutschen Kunstgeschichte 186); Geisberg Nr. 814; Meuche / Neumeister (1976), Flugblätter (Nr.8: Triumphbogen des Dr. Johann Eck; zwei Einblattholzschnitte, auf einem Bogen – mit Typographischen (lateinischem und deutschen) Text (312 x 398 mm);Scribner, Sake: Nr.47, 65–67; Heidrun Lange: Fliegende Blätter. Peter Flötners profane und antiklerikale Druckgraphik, in: Peter Flötner. Renaissance in Nürnberg (24.Okt.2014–18.Jan.2015), Nürnberg 2014, S.65f.

[48] „Articulos 404. Partim ad disputationes Lipsicam, badeñ, et berneñ attinentes, partim vero ex s..." Metzler Nr.69 (Ingolstadt, Georg Apian, 1530 = VD 16 E 270);"; „Epistola ad gloriosissi. Imp. Carolum V. August. A deo coronatum. Ii. De primatu Petri lib. Iii. Iii. De poenitentia lib. IIII." (Augsburg, Alexander I. Weißenhorn, imp. Georg Krapf (Ingolstadt), 1530 = VD 16 E 389); „Repulsio articulorum zwinglii ces. Maiestati oblatorum." (Augsburg, Alexander I Weißenhorn, 1530 = VD 16 E 417); vgl. Metzler/Eck CCath 16.

[49] Luther erwähnt Melanchthon gegenüber (Brief vom 19.5. 1530): „Narraverunt mei hospites posiciones contrarias in eum [Eckium] prodire Nurenbergae, quibus denuo dedolatur. Metuo, ne furiosus iste clamator denuo excitet obscuros viros et res ab integro in novam tradediam urgeatur."(MBW 910, S. 176). Philipp Melanchton übersandte aus Augsburg gegen Eck aufgestellte Thesen nach Coburg an Veit Dietrich (Brief vom 25. 5. [1530]: „Ridebis unacum Doctore [= Luther] propositiones factas contra Ecii calumnias. Sunt ineptae. Sed hic ars deluditur arte" Aus diesem Hinweis erschließt sich nicht, um was für einen Typ Thesen es sich handeln könnte. Johannes Cochläus schreibt an Willibald Pirckheimer (30. 5. 1530): „Vidi propositiones in Eckium de vino, Venere et balneo; rogavi quidem illum [der Drucker Alexander Weissenhorn?], ut a nomine tuo abstineret, sed forte iam fuerat impressum, quando monui." (Pirckheimer-BW/alt: Heumann, Documeta, Altdorf 1758, S.80) – Es könnte sich in all diesen Erwähnungen um die besagten „Propositiones de vino, venere et balneo" gegen Eck gehandelt haben.

[50] G. Kawerau, Ueber eine angeblich verschollene Spottschrift gegen Johann Eck vom Augsburger Reichstage 1530, in: Beiträge zur bayerischen Kirchengeschichte, Bd. 5, 1899.

[51] Vgl. O. Clemen, Bemerkungen zu den deutschen Einblatthozschnitten.

[52] Vgl. Th. Wiedemann, Eck (Regensburg 1865): „Charakteristisch für Ecks Denkweise ist, dass er nach Beendigung des ihm übetragenen Geschäftes

mit der Bann[androhungs]bulle in seinem Pfarrhofe bei St. Moritz zu Ingolstadt eine Votiftafel aufstellte, [...] mit der Unterschirft: „Joann. Eckius Professor Theologiae ordinarius et Procancellarius: Nuntius et Protonotarius Apostolicus: huius sedis Pleb. dum contra Doctrinam Lutheranam, Bullam Apostolicam per Saxoniam et Misniam Leonis X. iussu publicasset reversus incolumnis Patrons suis F'idei' C'ausa." (169)

53 Vgl. Meuche / Neumeister, Flugblätter, S. 82.
54 Rechte Seite, lateinisch: „Post dedolationem ex Lipsiae per capriconrum domum rediens, pientissimae matri Canidiae, charissimae sorori gennanae Mariae, atque dulcissima filiae Philautiae." Canidia ist die Zauberin, die sich seiner im Eckius dedolatus annimt.
55 Auch auf den seitlichen Giebelabschüssen, oben: dampfende Kothaufen!
56 Vgl. Holzberg, Eccius dedolatus.

Die Autoren

PROF. DR. ULRICH BUBENHEIMER
Geb. 1942 in Budapest / Ungarn. 1971 Promotion im Fachgebiet Kirchengeschichte an der Universität Tübingen zum Dr. theol.; lehrte 1973–1987 an der Pädagogischen Hochschule Reutlingen und 1987–2009 an der Pädagogischen Hochschule Heidelberg. Forschungsschwerpunkte sind Geschichte des Spätmittelalters und der Reformation, Paläographie, Bibliotheksgeschichte, Geschichte des Kirchenrechts. Hauptpublikationen: „Consonantia Theologiae et Iurisprudentiae: Andreas Bodenstein von Karlstadt als Jurist und Theologe zwischen Scholastik und Reformation", 1977. – „Thomas Müntzer: Herkunft und Bildung", 1989. – „Thomas Müntzer und Wittenberg", 2014. – „Schätze der Lutherbibliothek auf der Wartburg: Studien zu Drucken und Handschriften" (gemeinsam mit Ulman Weiß), 2016.

DR. HABIL. DIETER FAUTH
Geb. 1956 in Ostfildern. Studium der evangelischen Theologie / Religionspädagogik, Mathematik und Pädagogik. Lehrer mit Befähigung für Realschulen und Hochschulen. Forschungen zu nichtherrschenden Strömungen innerhalb des Protestantismus im 16., 17. und 20. Jahrhundert. Vizepräsident der Freien Akademie und u.a. im Vorstand der Christen für gerechte Wirtschaftsordnung e.V. (CGW). Publikationen als Autor, Herausgeber und Verleger (siehe www.dieterfauth.de und www.verlag-religionundkultur.de); als Autor u.a. „Thomas Müntzer in bildungsgeschichtlicher Sicht", 1990. – „Religion als Bildungsgut – Sichtweisen in Staat und evangelischer Kirche" (Bd. 1) sowie „... – Sichtweisen bei weltanschaulichen und religiösen Minderheiten" (Bd. 2), 1999–2000. – „Comenius im Labyrinth seiner Welt", 2009. – „Wertheim im Nationalsozialismus aus Opferperspektiven – Gedenkbuch zum Projekt Stolpersteine", 2013.

PROF. DR. DIETER B. HERRMANN
Geb. 1939 in Berlin. Astronom und Autor zahlreicher, auch populärwissenschaftlicher, Bücher über Astronomie. In seinen wissenschaftlichen Arbeiten befasst er sich unter anderem mit der Frühentwicklung der Astrophysik sowie mit der Anwendung quantitativer Methoden in der Wissenschaftsgeschichte. 1969: Promotion zum Dr. rer. nat. 1976–2004: Leiter der Archenhold-Sternwarte in Berlin-Alt Treptow. 1986: Habilitation und Ernennung zum Honorarprofessor. 1987: Gründungsdirektor des Zeiss-Großplanetariums in Berlin-Prenzlauer Berg. 14 Jahre lang Moderator der populärwissenschaftlichen Sendung „AHA" des Fernsehens der DDR. Umfangreiche Vortragstätigkeit; Autor von ca. 40 Büchern, 150 wissenschaftlichen und etwa 2000 populärwissenschaftlichen Publikationen. Mitglied der Internationalen Astronomischen Union, der Leibniz-Sozietät Berlin, der Berliner Wissenschaftlichen Gesellschaft, der Astronomischen Gesellschaft und anderer wissenschaftlicher Vereinigungen; Mitglied des Beirats der Studienstiftung des Berliner Abgeordnetenhauses, des Wissenschaftsrates der Gesellschaft zur wissenschaftlichen Untersuchung von Parawissenschaften sowie im wissenschaftlichen Beirat der von der Gesellschaft für Anomalistik herausgegebenen Zeitschrift für Anomalistik. 2006–2012: Präsident der Leibniz-Sozietät der Wissenschaften zu Berlin e.V. Seit 2010 trägt der 2000 in der Volkssternwarte Drebach (Erzgebirge) entdeckte Kleinplanet (103460) den Namen Dieterherrmann. Publikationen u.a. „Duden. Basiswissen Schule. Astronomie", 2001. – „Astronomiegeschichte", 2004. – „Urknall im Labor. Wie Teilchenbeschleuniger die Natur simulieren", 2010. – „Das Urknall-Experiment. Auf der Suche nach dem Anfang der Welt", 2014.

FABIAN SCHEIDLER
Geb. 1968 in Bochum. Studium der Geschichte und Philosophie sowie Theaterregie und Darstellenden Kunst. Seit 2001 Arbeit als freischaffender Autor für Printmedien, Fernsehen, Theater und Oper. 2009: Mitbegründung des unabhängigen Fernsehmagazins Kontext TV, das regelmäßig Sendungen zu Fragen globaler Gerechtigkeit produziert (www.kontext-tv.de). Zahlreiche Vorträge zu dem Themenbereich „Grenzen des Wachstums" u.a. für Attac, Heinrich-Böll-Stiftung, Deutsche Welle, Evangelische Akademie. 2009: Otto-Brenner-Medienpreis für kritischen Journalismus. 2010: Programmkoordinator für das Attac-Bankentribunal in der Volksbühne am Rosa-Luxemburg-Platz. Als Dramaturg und Theaterautor viele Jahre Arbeit

für das Berliner Grips Theater. 2013: Uraufführung seiner Oper „Tod eines Bankers" (Musik: Andreas Kersting) am Gerhart-Hauptmann-Theater in Görlitz. Publikationen u.a. „Das Ende der Megamaschine. Geschichte einer scheiternden Zivilisation", 2015 (Bestseller, www.megamaschine.org).

PROF. DR. GÜNTER VOGLER
Geb. 1933 in Reinhardtsgrimma. 1962 Promotion an der Humboldt-Universität zu Berlin. Lehrbeauftragter für Deutsche Geschichte an der HU Berlin und Hauptreferent im Staatssekretariat für das Hoch- und Fachschulwesen der DDR. 1966–1969: Dozent für die Geschichte der Neuzeit. 1978 Promotion B. 1969–1979: Professor mit Lehrauftrag für deutsche Geschichte mit Schwerpunkt Geschichte der frühen Neuzeit. 1979–1996: Ordentlicher Professor für Deutsche Geschichte an der Humboldt-Universität zu Berlin. 2001 Mitbegründung und Leitung der Thomas-Müntzer-Gesellschaft mit Sitz im Stadtarchiv Mühlhausen / Thüringen. Forschungsschwerpunkte sind Reformations- und Bauernkriegsgeschichte, Bauernbewegungen, Thomas Müntzer, Täuferreich zu Münster und historiographische Themen. Publikationen u.a. „Thomas Müntzer", 1989. – „Europas Aufbruch in die Neuzeit. 1500–1650 (= Handbuch der Geschichte Europas. Bd. 5), 2003. – „Die Täuferherrschaft in Münster und die Reichsstände. Die politische, religiöse und militärische Dimension eines Konflikts in den Jahren 1534 bis 1536", 2014.

DR. ALEJANDRO ZORZIN
1989: Promotion zum Dr. theol. Lehrte von 1990 bis 2000 Kirchengeschichte an der Evangelischen Theologischen Hochschule (ISEDET) in Buenos Aires. Ab 2000: Pastor in der Mennonitengemeinde Kohlhof. Seit 2012 wissenschaftlicher Mitarbeiter in einem Projekt der Deutschen Forschungsgemeinschaft zur Herausgabe der Schriften und des Briefwechsels des Andreas Bodenstein von Karlstadt, angesiedelt bei der Akademie der Wissenschaften in Göttingen. Mitglied im Vorstand des Deutschen Mennonitischen Friedenskomitees. Publikationen: „Karlstadt als Flugschriftenautor" (= Göttinger Theologische Arbeiten, Bd. 48), 1990. – „El proceso de naturalización en una iglesia de origen inmigratorio. De Sínodo Evangélico Alemán del Río de la Plata a Iglesia Evangélica del Río de la Plata (1946–1980)", in: Cuadernos de Teología. 14/2 (1995) 73–91. – „Einige Beobachtungen zu den zwischen 1518 und 1526 im deutschen Sprachbereich veröffentlichten Dialogflugschrif-

ten, in: Archiv für Reformationsgeschichte 88 (1997) 77–117. – „Hans Denck – Radikalität im Verborgenen", in: Mennonitische Geschichtsblätter 72 (2015) 35–46. – „Peter Schöffer d. J. und die Täufer." In: Ulman Weiß (Hg.): Buchwesen in Spätmittelalter und Früher Neuzeit. Festschrift für Helmut Claus zum 75. Geburtstag", 2008. – „Ludwig Hätzer als täuferischer Publizist (1527–1528)", in: Mennonitische Geschichtsblätter 67 (2010) 25–49. – „Thomas Müntzer in Lateinamerika" (= Publikationen der Thomas-Müntzer-Gesellschaft, Bd. 15), 2010.

SCHRIFTENREIHE DER FREIEN AKADEMIE
Herausgegeben von Jörg Albertz (Bände 1 bis 27)
und von Volker Mueller (ab Band 28).

Band 1: *Perspektiven und Grenzen der Naturwissenschaft.* 1980.
ISBN 3-923834-00-4
Band 2: *Technik und menschliche Existenz.* 1982.
ISBN 3-923834-01-2
Band 3: *Die Rolle der Großkirchen in der Gesellschaft der Bundesrepublik Deutschland.* 1983.
ISBN 3-923834-02-0
Band 4: *Judenklischees und jüdische Wirklichkeit in unserer Gesellschaft.* 1985, 2. Aufl. 1989.
ISBN 3-923834-03-9
Band 5/6: *Lernziele für die Welt von morgen - Neue Ethik für die Wissenschaft.* 1986.
ISBN 3-923834-04-7
Band 7: *Wissen – Glaube – Aberglaube.* 1987.
ISBN 3-923834-05-5
Band 8: *Kant und Nietzsche – Vorspiel einer künftigen Weltauslegung?* 1988.
ISBN 3-923834-06-3
Band 9: *Evolution und Evolutionsstrategien in Biologie, Technik und Gesellschaft.* 1989, 2. Aufl. 1990.
ISBN 3-923834-07-1
Band 10: *Aspekte der Angst in der „Therapiegesellschaft".* 1990.
ISBN 3-923834-08-X
Band 11: *Aufklärung und Postmoderne – 200 Jahre nach der französischen Revolution das Ende aller Aufklärung?* 1991.
ISBN 3-923834-09-8
Band 12: *Gesellschaft und Religion.* 1991.
ISBN 3-923834-10-1
Band 13: *Ganzheitlich, natürlich, ökologisch – was ist das eigentlich?* 1992.
ISBN 3-923834-11-X
Band 14: *Was ist das mit Volk und Nation? – Nationale Fragen in Europas Geschichte und Gegenwart.* 1992.
ISBN 3-923834-12-8
Band 15: *Im Spannungsfeld zwischen Individuum und Gemeinschaft.* 1994.
ISBN 3-923834-13-6

Band 16: *Das Bewusstsein – philosophische, psychologische und physiologische Aspekte.* 1994.
ISBN 3-923834-14-4
Band 17: *Wahrnehmung und Wirklichkeit – Wie wir unsere Umwelt sehen, erkennen und gestalten.* 1997.
ISBN 3-923834-15-2
Band 18: *Fortschritt im geschichtlichen Wandel.* 1998.
ISBN 3-923834-16-0
Band 19: *Renaissance des Bösen?* 1999.
ISBN 3-923834-17-9
Band 20: *Anthropologie der Medien – Mensch und Kommunikationstechnologien.* 2002.
ISBN 3-923834-18-7
Band 21: *Werte und Normen - Wandel, Verfall und neue Perspektiven ethischer Lebensgestaltungen.* 2002.
ISBN 3-923834-19-5
Band 22: *Staat und Kirche im werdenden Europa – Gemeinsamkeiten und Unterschiede im nationalen Vergleich.* 2003.
ISBN 3-923834-20-9
Band 23: *Humanität – Hoffnungen und Illusionen.* 2004.
ISBN 3-923834-21-57
Band 24: *Evolution zwischen Chaos und Ordnung.* 2005.
ISBN 3-923834-22-5
Band 25: *Aufklärung, Vernunft, Religion: Kant und Feuerbach.* 2005.
ISBN 3-923834-23-3
Band 26: *Utopien zwischen Anspruch und Wirklichkeit – Perspektiven utopischen Denkens.* 2006.
ISBN 3-923834-24-1
Band 27: *Mensch und Ökonomie – Wirtschaften zwischen Humanität und Profit.* 2007.
ISBN 978-3-923834-25-9
Band 28: *Wohin brachte uns Charles Darwin?* 2009.
ISBN 978-3-923834-26-6
Band 29: *Bewusstsein und Ich.* 2010.
ISBN 978-3-923834-27-3
Band 30: *Die neuen Weltmächte? China und Indien im Verhältnis zu Europa.* 2011.
ISBN 978-3-923834-28-0
Band 31 *Gentechnik – Möglichkeiten und Grenzen.* 2012.
ISBN 978-3-923834-29-7

Band 32	*Anfang und Ende des individuellen menschlichen Lebens als humanitäre Herausforderung.* 2013 ISBN 978-3-923834-30-3
Band 33	*Der Zusammenhang der Wissenschaften und Künste. Diderot und die Aufklärung.* 2014 ISBN 978-3-923834-31-0
Band 34	*Frieden und Krieg im 20. und 21. Jahrhundert – Ursachen, Konsequenzen, Alternativen.* 2015 ISBN 978-3-923834-32-7
Band 35	*Die Evolution des Kosmos. Fakten – Vermutungen – Rätsel. 2016* ISBN 978-3-923834-33-4

Vertrieb der Schriftenreihe:
Angelika Lenz Verlag | Ortrun E. Lenz M.A.
Beethovenstraße 96 | 63263 Neu-Isenburg | Tel.: 06102-72 35 09
Fax: 06102-72 35 13 | E-Mail: info@lenz-verlag.de | www.lenz-verlag.de